थॉमस अल्वा एडिसन

कुछ प्रमुख जीवनियाँ

ईश्वरचंद्र विद्यासागर
नेपोलियन बोनापार्ट
चंद्रशेखर आजाद
लाला हरदयाल
समाज सुधारक
राजा राममोहन राय
आनंदमूर्ति
बेंजामिन फ्रैंकलिन की आत्मकथा
जगदीशचंद्र बसु
लोकमाता अहिल्याबाई
लोकमान्य बाल गंगाधर तिलक
लियोनार्दो द विंची
शिखर भारतीय महिलाएँ
भीखाजी कामा
प्रथम अंतरिक्ष यात्री
यूरी गागरिन
लियो टॉलस्टॉय
आचार्य विनोबा भावे
स्वामी रामदेव
आर्यभट
अन्ना हजारे
नेल्सन मंडेला
महर्षि अरविंद घोष
कस्तूरबा गांधी
कर्नल जिम कॉर्बेट
मौलाना अबुल कलाम आजाद
होमी जहाँगीर भाभा
नेताजी
सुभाषचंद्र बोस
भगिनी निवेदिता
भारत कोकिला
सरोजिनी नायडू
स्टीफन हॉकिंग
गोपाल कृष्ण गोखले
रवींद्रनाथ टैगोर
दयानंद सरस्वती
बिपिनचंद्र पाल
निकोलस कॉपरनिकस

थॉमस अल्वा एडिसन

विनोद कुमार मिश्र

प्रभात
प्रकाशन

प्रकाशक
प्रभात प्रकाशन प्रा. लि.
4/19 आसफ अली रोड, नई दिल्ली–110002
फोन : 011–23289777 • हेल्पलाइन नं. : 7827007777
इ–मेल : prabhatbooks@gmail.com ❖ वेब ठिकाना : www.prabhatbooks.com

संस्करण
2024

मूल्य
दो सौ पचास रुपए

मुद्रक
नरुला प्रिंटर्स, दिल्ली

THOMAS ALVA EDISON
A biography by Shri Vinod Kumar Mishra
Published by **PRABHAT PRAKASHAN PVT. LTD.**
4/19 Asaf Ali Road, New Delhi-110002
ISBN 978-93-5048-332-9
₹ 250.00

पूजनीय पिताजी
स्व. श्री लक्ष्मी चरण मिश्र
(अवकाश-प्राप्त वैज्ञानिक अधिकारी)
की चिरस्मृति
को सादर समर्पित

आत्मकथन

उन्नीसवीं सदी के उत्तरार्ध में दुनिया आधुनिक युग में प्रवेश कर गई। इस कार्य में सबसे अधिक योगदान सुप्रसिद्ध वैज्ञानिक थॉमस अल्वा एडिसन का रहा।

वह एडिसन, जो एक सामान्य व्यक्ति की सातवीं संतान था, बचपन से ही श्रवण-शक्ति से आंशिक रूप से वंचित था। उसे स्कूल में पागल कहा गया और वह शिक्षा से भी वंचित हो गया।

यदि एडिसन आज के युग में आधुनिक परिवार में जन्म लेता तो मंद बुद्धि (ध्यान न दे पानेवाला) माना जाता और उसे आधुनिक दवाएँ दी जातीं, जो पता नहीं कारगर होतीं या नहीं; पर उसकी माता नैंसी ने उसे जो प्यार व संस्कार दिए, उनसे वह बालक मानसिक रूप से अति समृद्ध हो गया।

एडिसन ने साहित्य का अच्छा अध्ययन किया, पर साथ ही वैज्ञानिक प्रयोगों का सिलसिला ग्यारह-बारह वर्ष की आयु में प्रारंभ कर दिया, जो चौरासी वर्ष की आयु तक जारी रहा। वह न्यूटन की प्रसिद्ध पुस्तक 'प्रिंसिपिया मैथेमेटिका' भी पढ़ता रहा और व्यावहारिक रसायनशास्त्र की पुस्तकें भी। उसके लिए घर व रेलगाड़ी दोनों ही प्रयोगशाला के लिए अनुकूल थे।

वह बचपन में ही पत्रकार भी बन गया था। यह शौक उसे अंत तक रहा। समय के साथ उसकी बधिरता बढ़ती रही और गतिविधियाँ भी। वह बाएँ कान से कुछ भी नहीं सुन पाता था और दाएँ कान की श्रवण-क्षमता मात्र 20 प्रतिशत थी। वह चिड़ियों का मधुर चहचहाना नहीं सुन पाता था, पर उसे उनसे बहुत प्यार था। बाद में उसने एक पक्षी-गृह बनवाया था, जिसमें पक्षियों की पाँच हजार प्रजातियाँ थीं। साथ ही जीवन के सन्नाटे ने उसकी ध्यान केंद्रित करने की शक्ति को बेतहाशा बढ़ा दिया था।

उसे अपने बधिरपन से प्यार भी हो गया था। बाद में जब उसके पास पैसा हो गया तो अनेक शल्य-चिकित्सकों ने प्रस्ताव दिया कि वे उसके कान का ऑपरेशन करके ठीक कर देंगे, पर उसने मना कर दिया। अब वह शोरगुलवाले संसार से दूर रहना चाहता था।

उसने पाने के साथ खोना भी जारी रखा। उसकी रेल स्थित प्रयोगशाला उठाकर फेंक दी गई थी। बाद में वेस्ट ऑरेंज स्थित प्रयोगशाला जलकर राख हो गई थी। समय-समय पर प्रयोगों के असफल होने से एकत्रित सारी पूँजी खत्म हो जाती थी। पर वह सबकुछ फिर से व्यवस्थित व उपलब्ध कर लेता था।

दुनिया एडिसन को बिजली के बल्ब के आविष्कारक के रूप में जानती है; पर वह बल्ब का पहला आविष्कारक नहीं था। इस तथ्य का उसने सम्मान भी किया और मुकदमा लड़ने के बजाय प्रथम आविष्कारक स्वान के साथ मिलकर एक कंपनी स्थापित कर ली। वह व्यर्थ के झगड़ों में अपना समय व ऊर्जा व्यय नहीं करता था।

उसे प्रतिस्पर्धी आविष्कारकों व उद्योगपतियों का भी सामना करना पड़ा और धोखेबाज मित्रों व सहयोगियों का भी। उसके पारिवारिक जीवन में कड़वाहट अंत तक समाप्त नहीं हो पाई, पर उसका स्वभाव मधुर पर दृढ़ रहा। उसे समय का भी मुकाबला करना पड़ा। रेडियो के आगमन से उसका ग्रामोफोन का व्यवसाय चौपट हुआ, पर उसका धैर्य कभी समाप्त नहीं हुआ।

वह दूसरों का दर्द समझता था। उसका फोनोग्राफ बाद के काल में नेत्रहीनों के लिए शिक्षा का माध्यम बना। उसकी इच्छा थी कि बधिरों के लिए श्रवण मशीन में और सुधार किए जाएँ। उसने नए उभरते कलाकारों को फिल्मों में आने का विशेष अवसर दिया।

थॉमस अल्वा एडिसन एक महान् देशभक्त था। जब प्रथम विश्वयुद्ध में अमेरिका को कूदना पड़ा तो एडिसन ने अपना घर-बार, कारोबार बेटे के हवाले कर दिया और अमेरिकी नौसेना के लिए वर्षों तक काम किया।

अपने अंतिम दिनों तक एडिसन जनसेवा व राष्ट्रसेवा में लगे रहे। आविष्कार ही उनके लिए आराधना था। जीवन के नौवें दशक में उन्होंने अमेरिका को रबर के मामले में आत्मनिर्भर बनाया।

पर इन सबके लिए उन्हें बड़ी कीमत भी चुकानी पड़ी। उनके वियोग में उनकी पहली पत्नी छटपटाती रही और अंततः भगवान् को प्यारी हो गई। पहली पत्नी की संतानें भी उनसे दुःखी व निराश रहीं। अपने जीवन के अधिकांश भाग में

वे विद्रोही मुद्रा में ही रहीं और अंत में ही समझ पाईं कि वे एक महान् पिता की संतानें हैं और चिराग तले अँधेरा होना सिर्फ कहावत नहीं, हकीकत है।

पर मीना ने एक मिसाल कायम की। उसने दिखा दिया कि महान् पुरुष की पत्नी को किस तरह रहना और जीवन बिताना चाहिए। मीना ने न सिर्फ अपने बच्चों को योग्य व सक्षम बनाया, वरन् अपने सौतेले बच्चों को काफी हद तक योग्य बनाने का प्रयास किया—और वह सफल भी रही।

उस समय के लोकप्रिय व महान् लोग, जैसे—चार्ल्स लिंडबर्ग, मैडम क्यूरी, हेनरी फोर्ड, राष्ट्रपति हरबर्ट हूवर आदि एडिसन के प्रशंसक थे। ये लोग एडिसन के साथ नियमित पत्र-व्यवहार करते थे और समय-समय पर मिलते-बैठते भी थे। अमेरिका की प्रगति का यह भी एक कारण है।

एडिसन ने अपने राष्ट्र को बहुत कुछ दिया। राष्ट्र को ही नहीं, दुनिया को बहुत कुछ दिया। यही कारण था कि सारी दुनिया ने उनको अद्‌भुत सम्मान दिया। उनके देहांत पर अनगिनत लोगों, समुदायों, कॉरपोरेशनों ने बिजली की रोशनी मद्धिम करके श्रद्धांजलि दी।

उनके जीवनकाल में ही उनकी प्रयोगशाला, उपकरण, मशीनें आदि अजायबघर के रूप में परिवर्तित होने लगी थीं। मेनलो पार्क स्थित उनकी प्रयोगशाला पहले ही एक अजायबघर का रूप ले चुकी थी। यह काम उनके मित्र हेनरी फोर्ड ने प्रारंभ किया था, जो बाद तक चलता रहा। सन् 1962 में उनकी बाद की वेस्ट ऑरेंज स्थित प्रयोगशाला भी राष्ट्र की ऐतिहासिक धरोहर के रूप में परिवर्तित हो गई। इस प्रकार वे मरने के बाद लोगों के लिए स्थायी प्रेरणास्रोत बन गए।

यही नहीं, लोग इस बात पर भी अनुसंधान करते रहे कि आखिर यह व्यक्ति इस कदर असामान्य क्यों था। उनकी छोटी-छोटी आदतों पर अनुसंधान हुआ। चिकित्सा विशेषज्ञों ने पाया कि वे न सिर्फ श्रवणहीन थे, वरन् उनका मस्तिष्क भी असामान्य था। उन्हें बोलने, व्याकरण का प्रयोग करने, पहचानने आदि में दिक्कतें होती थीं और वे कभी-कभी असामान्य गलतियाँ भी कर बैठते थे। आधुनिक वैज्ञानिक भाषा में इसे सीखने संबंधी (लर्निंग) विकलांगता कहा जाता है।

कुछ लोग यह भी मानते थे कि उन्हें चूँकि औपचारिक शिक्षा नहीं मिली थी और उन्होंने असामान्य तरीके से ज्ञान प्राप्त किया था, अतः वे असामान्य तरीके से सोचते व काम करते थे।

पर जो भी हो, यह माना जाता है कि जोहान गुटेनबर्ग के छपाई के आविष्कार के पश्चात् दुनिया को बदलने की प्रक्रिया प्रारंभ हुई थी और उसमें अनगिनत

आविष्कारकों ने भाग लिया था; पर एडिसन का योगदान सबसे अद्भुत व अप्रतिम था। यदि पेटेंट पाने की रफ्तार से उनका मूल्यांकन किया जाए तो अपने कार्यकाल में उन्होंने हर पंद्रह दिनों पर एक पेटेंट हासिल किया और पता नहीं कब यह रिकॉर्ड टूटेगा।

मैंने अष्टावक्र, फ्रैंकलिन डिलानो रूजवेल्ट, हेलेन कीलर, राणा साँगा, अल्बर्ट आइंस्टाइन की जीवनियाँ तैयार करने का जो सिलसिला प्रारंभ किया था, थॉमस अल्वा एडिसन उसकी एक महान् कड़ी है। इस जीवनी से मुझे जो प्रेरणा मिली है, उसका उपयोग भविष्य में भी होता रहेगा और अब मैंने चार्ल्स डारविन, अल्फ्रेड नोबेल, लियोनार्दो द विंची, मैडम क्यूरी, ग्राहम बेल, हेनरी फोर्ड के जीवन-चरित्रों का गहराई से अध्ययन प्रारंभ कर दिया है। आशा है, जीवन के अंतिम पलों तक मैं भी इन महापुरुषों के जीवन को कलमबद्ध करके हिंदी के पाठकों के सम्मुख प्रस्तुत करता रहूँगा।

मेरे इस कार्य में मेरे मित्र ए. वेंकट नारायण (संपादक 'स्पेन पत्रिका') ने थॉमस अल्वा एडिसन के जीवन के दुर्लभ प्रसंगों को समय-समय पर एकत्रित करके अद्भुत सहयोग दिया। वे आभार के पात्र हैं। इसके अलावा मेरी पत्नी वीना मिश्र व पुत्रों वरुण, विशाल ने अनुकूल वातावरण उत्पन्न करके इस कार्य को आगे बढ़ने में सहायता की। वे भी धन्यवाद के पात्र हैं।

पाठकों से अपेक्षा है कि वे इस योजना के संबंध में सुझाव देते रहें, ताकि हमारी आनेवाली पीढ़ी महान् व्यक्तित्वों के जीवन के बारे में पढ़-जानकर लाभान्वित होती रहे।

—विनोद कुमार मिश्र

अनुक्रम

विरासत

जब यूरोपवासियों को अमेरिका के भरपूर संसाधनों का पता चला तो जगह-जगह से यूरोप के लोग अपनी किस्मत आजमाने के लिए अमेरिका आने लगे।

इसी क्रम में हॉलैंड की एक विधवा महिला अपने तीन साल के अबोध पुत्र जॉन को लेकर एलिजाबेथ शहर में पहुँची, जो वर्तमान नेवार्क से लगभग तेरह किलोमीटर दक्षिण में था। उस समय अर्थात् सन् 1730 में नेवार्क शहर को 'न्यू आर्क' के नाम से जाना जाता था।

उस समय हॉलैंड के काफी लोग उस इलाके में थे और डच भाषा क्रियोल वहाँ पर खूब बोली जाती थी। उस विधवा ने दोबारा शादी नहीं की और अपने बेटे जॉन एडिसन की परवरिश में सारा जीवन लगा दिया।

10 अक्तूबर, 1765 को जॉन एडिसन का विवाह एक अंग्रेज लड़की साराह ऑडेन से हुआ। साराह के पूर्वज एक सदी पूर्व इंग्लैंड के हैंपशायर से यहाँ आए थे। जॉन व साराह ने न्यू जर्सी में जायदाद खरीदी और सुखपूर्वक रहने लगे। बाद में वे और जायदाद खरीदते रहे। साराह ने दस संतानों को जन्म दिया, जिनमें पाँच पुत्र व पाँच पुत्रियाँ थीं।

इस बीच अमेरिका में आजादी की जंग जोर पकड़ती जा रही थी। अनेक लोग ब्रिटिश राजसत्ता के प्रति वफादार थे। जॉन ने भी ब्रिटिश सेना का साथ दिया था। जब देश आजाद हुआ तो अंग्रेजों के वफादारों को तरह-तरह की सजाएँ मिलीं। जॉन को भी लंबा समय नजरबंदी में काटना पड़ा और बड़ी मुश्किल से अपनी ससुरालवालों के सहयोग से वह मुक्त हो पाया।

पर जॉन एडिसन के लिए अब वहाँ रहना कठिन था, अतः वह परिवार सहित भागकर नोवा स्कोटिया पहुँचा। प्रारंभ में उन्हें वहाँ बसने में कठिनाई हुई, पर फिर वे वहाँ जम गए। जॉन के बड़े बेटे सैमुअल का विवाह नैंसी स्टिम्सन से हुआ। नैंसी का परिवार भी शरणार्थी ही था। सन् 1792 में हुए इस विवाह के पश्चात् नैंसी ने आठ संतानों को जन्म दिया। छठे बच्चे, जिसका नाम सैमुअल जूनियर था, का जन्म 16 अगस्त, 1804 को हुआ था।

जॉन एडिसन ने अपने जीवन में अनेक उतार-चढ़ाव देखे, पर जब सत्तासी वर्ष की आयु में उसका निधन हुआ तो उसके पास लगभग 2000 एकड़ जमीन थी। इसमें से 200 एकड़ जमीन उसके बेटे सैमुअल एडिसन सीनियर को मिली। वे श्रुबरी नामक स्थान पर रहने लगे। इस जगह का नाम बाद में विएना रखा गया।

सैमुअल एडिसन सीनियर का देहांत अट्ठानबे वर्ष की आयु में हुआ था। बालक थॉमस एडिसन अपने दादा से मिलने उनके पास कभी-कभी आता था। बाद में विएना शहर का विकास हुआ और यहाँ पर लकड़ी उद्योग व जहाज निर्माण उद्योग बड़े पैमाने पर प्रारंभ हुए।

एडिसन खानदान के लोगों ने इस क्षेत्र में काफी काम किया और तरह-तरह की डिजाइनों की नौकाएँ व जहाज तैयार किए। ये नौकाएँ झीलों में नौकायन हेतु अधिक उपयुक्त थीं।

सैमुअल एडिसन के एक पुत्र का नाम भी सैमुअल एडिसन था और उसे सैमुअल जूनियर के नाम से जाना जाता था। उसका विवाह 12 सितंबर, 1828 को नैंसी मैथ्यूज इलियट से हुआ था। स्वभाव से सैमुअल जूनियर चंचलमना था और अपना काम बदलता रहता था। 6 फीट 3 इंच लंबा सैमुअल पढ़ने-लिखने में दिलचस्पी नहीं रखता था; पर उसकी पत्नी नैंसी, जो विवाह के समय सत्रह वर्ष की थी, बाइबल का नित्य अध्ययन करती थी। वह एक अच्छे परिवार की थी, जिसने क्रांतिकारी गतिविधियों में भी भाग लिया था और जो धार्मिक विचारों वाली थी तथा धर्म संबंधी मामलों में सक्रिय थी।

विवाह के बाद पहले दस सालों में नैंसी ने चार बच्चों को जन्म दिया। ये थे मेरियोन (जन्म सन् 1829), विलियम पिट (जन्म सन् 1832), हैरियर एन (जन्म सन् 1833) तथा कार्लिली (जन्म सन् 1836)।

इसी समय सामाजिक उथल-पुथल प्रारंभ हुई। फसलें नष्ट हो गईं और आर्थिक स्थिति नाजुक हो गई। शासक वर्ग की सख्ती के कारण लोगों के मन में विद्रोह घर करने लगा। जमींदारों ने कर-वसूली में अनावश्यक सख्ती दिखाई तो

लोग भड़क उठे। उन्होंने कनाडा की राजशाही के खिलाफ विद्रोह का झंडा बुलंद कर दिया।

नैंसी क्रांतिकारी परिवार से थी और उसका प्रभाव सैमुअल पर भी पड़ा, तो वह विद्रोहियों के साथ हो गया। लोगों ने प्रजातंत्र की स्थापना के लिए आंदोलन प्रारंभ किया और टोरंटो के मेयर विलियम लायन मैकेंजी ने राजशाही को उखाड़ फेंकने के लिए अभियान प्रारंभ किया।

लोगों ने पड़ोसी अमेरिका की तर्ज पर प्रजातंत्र की माँग की। मैकेंजी ने आह्वान किया कि लोग अब न सिर्फ राजनीतिक संगठन बनाएँगे, बल्कि सशस्त्र गिरोह भी खड़े करेंगे। हर व्यक्ति समाज के समक्ष बराबरी पर खड़ा होगा।

मैकेंजी के ओजस्वी भाषणों से अनेक लोग प्रभावित हुए। सामुवेल जूनियर भी आगे बढ़ा तथा अनेक किसान-मजदूर आंदोलन में सक्रिय हो गए।

पर शासक वर्ग ने अब और ज्यादा सख्ती दिखानी प्रारंभ की। इससे विद्रोह और भड़क गया। सैमुअल जूनियर ने अपने आस-पास के ग्रामीण व अन्य स्थानीय लोगों को संगठित करना प्रारंभ कर दिया। वह टोरंटो के पास बसे अनेक इलाकों में गया और वहाँ से लोगों को प्रेरित करके लाने लगा।

पर तभी अचानक अफवाह फैली कि शासक वर्ग के प्रति वफादार सेना आगे बढ़ रही है और उसने पिछले इलाके के विद्रोहियों को कुचल दिया है। इस खबर ने अफरा-तफरी मचा दी और मैकेंजी तथा उसके कई समर्थक भागकर अमेरिका पहुँच गए। कुछ साथी, जो नहीं भाग पाए थे, वे पकड़े गए और उनमें से कई को अंग्रेज सरकार ने फाँसी पर चढ़ा दिया।

युवा सैमुअल एडिसन जूनियर भी निराश होकर भाग चला। उसके साथ उसकी युवा पत्नी तथा छोटे-छोटे बच्चे थे। वे सर्दियों के दिन थे और उन्होंने बर्फीले जंगलों के रास्ते लगभग एक सौ तीस किलोमीटर का रास्ता तय किया।

इस कठिन दौर में सैमुअल को एक मित्र व रिश्तेदार कैप्टन अल्वा ब्रेडले से काफी मदद मिली। कैप्टन ब्रेडले एक जहाज का मालिक था और अपने जहाज में अनाज लादकर एक जगह से दूसरी जगह पहुँचाता था।

□

उथल-पुथल के बीच जन्म

5 मार्च, 1840 को नैंसी ने एक और पुत्र को जन्म दिया, जिसका नाम सैमुअल ही रखा गया। सैमुअल तृतीय के जन्म के साथ ही पिता सैमुअल जूनियर ने अपनी पत्नी नैंसी के नाम जमीन का एक टुकड़ा खरीदा, जिस पर यूनानी शैली में एक तिमंजिला मकान बनवाया।

अब एडिसन परिवार इस आलीशान मकान में रहने लगा। प्रारंभ में यह इलाका एक अति साधारण ग्रामीण इलाका था और यहाँ पर छोटा-मोटा व्यापार ही होता था। पास में समुद्री तट था, जो अति सुंदर था और वहाँ बैठकर सुंदर-स्वच्छ आकाश निहारना एक सुखद अनुभव होता था।

पर शीघ्र ही एक नहर के बन जाने से उस इलाके में तेजी से परिवर्तन होता चला गया। अब किसान मिलान के जरिए गेहूँ आदि की तिजारत करने लगे। धीरे-धीरे अन्य वस्तुएँ, जैसे पशु, लकड़ी आदि भी बड़े पैमाने पर जहाजों में लादे जाने लगे। व्यापारियों के आवागमन के बढ़ने से अन्य रोजगार के अवसर बढ़ते चले गए। अब लोहारों की दुकानें, अन्य प्रकार की मरम्मत की दुकानें तथा जनरल स्टोर खुलने लगे। शीघ्र ही वहाँ पानी के जहाज बनाने का काम प्रारंभ हो गया। लकड़ी, लोहे आदि का काम करनेवाले कारीगर आ-आकर बसने लगे।

एडिसन परिवार भी बढ़ रही खुशहाली से लाभान्वित था, पर साथ ही उसे प्राकृतिक प्रकोप का भी सामना करना पड़ रहा था। सन् 1842 की सर्दियों में एडिसन छह वर्षीय पुत्र कार्लिली चल बसा। अगले ही वर्ष सर्दियों में छोटा सैमुअल चल बसा। इसके बाद एक बेटी एलिजा का जन्म हुआ, पर मात्र तीन वर्ष की आयु में वह भी चल बसी।

माता नैंसी मधुमेह की शिकार थी। वह बुरी तरह अवसाद का शिकार भी हो चुकी थी और उसका रंग काला पड़ चुका था। वह फिर गर्भवती हुई और उसने अपने सातवें बच्चे का गर्मजोशी से इंतजार करना प्रारंभ कर दिया। यह बच्चा भी सर्दियों में ही जनमने वाला था और इसलिए बीमार नैंसी ने उसके लिए स्वेटर बुनना प्रारंभ कर दिया था।

11 फरवरी, 1847 की रात थी। भारी बर्फ पड़ रही थी। नैंसी की प्रसव-पीड़ा प्रारंभ हुई। पिता सैमुअल दौड़कर गया और सड़क पार करके कुछ दूर रह रहे डॉक्टर को बुला लाया। इस तरह एक अद्‌भुत बालक का जन्म हुआ, जिसका सिर आम बच्चों से बड़ा था, पर शेष शरीर कमजोर था।

डॉक्टर को अंदेशा हुआ कि यह बच्चा एक किस्म के बुखार से पीड़ित है। पर उस समय न तो उस बुखार की पहचान थी और न ही उसका इलाज। धार्मिक विचारोंवाली नैंसी अपने बच्चे की सलामती के लिए ईश्वर से प्रार्थना करती रही।

बच्चा बच गया। बालक के एक दादा व चाचा के नाम पर उसका नाम थॉमस रखा गया। साथ ही एडिसन परिवार के संकट के समय भरपूर मदद करनेवाले कैप्टन अल्वा ब्रेडले के नाम का एक भाग 'अल्वा' जोड़ा गया। अब बालक का पूरा नाम था—थॉमस अल्वा एडिसन। थॉमस धीरे-धीरे बड़ा होने लगा। वह घर में सबसे छोटा बच्चा था और सभी उसे प्यार से 'छोटा अल' कहकर पुकारते थे।

उसकी बड़ी बहन मेरियोन का विवाह पास के इलाके के किसान होमर पेज से हो गया था। वह बहन के घर जाता था तो दूर-दूर तक घूमने निकल जाता। उसकी बहन उसका बड़ा खयाल रखती थी। मेरियोन के चिंता करने पर उसका पति होमर उसे ढूँढ़ने जाता था। वह देखता कि यह छोटा बच्चा बाड़े में बंद बतखों को बड़े ध्यान से निहारता था।

एक बार होमर थॉमस को ढूँढ़ता हुआ बतखों के बाड़े में पहुँचा तो उसने देखा कि उसके पैर बतखों के अंडों की जर्दी से पीले पड़े हुए हैं। पूछने पर थॉमस ने बताया कि वह अंडों के ऊपर बैठ गया था।

यह पूछने पर कि क्यों बैठा था, उसने उत्तर दिया कि जब मुरगियाँ व बतखें इन अंडों के ऊपर बैठती हैं तो छोटे-छोटे चूजे निकलते हैं। पर मैं बैठा तो वे अंडे फूट गए और मेरे कपड़े खराब हो गए। पता नहीं ऐसा क्यों हुआ?

होमर ने उसे समझाया कि वह मनुष्य है, मुरगी या बतख नहीं। थॉमस अपने पहले प्रयोग की असफलता पर निराश हुआ। घर पहुँचने पर बहन मेरियोन ने सांत्वना दी कि तुमने एक अच्छा प्रयास किया, पर वह कारगर नहीं हुआ, कोई

बात नहीं। यदि हर व्यक्ति किसी काम को असंभव मानकर छोड़ दे तो उसे कभी कुछ सीखने को नहीं मिलेगा। तुम प्रयास करते रहो, कभी-न-कभी सफलता अवश्य मिलेगी।

आयु बढ़ने के साथ-साथ नन्हे थॉमस की प्रश्न पूछने की आदत जोर पकड़ती चली गई। वह अकसर पानी के जहाज बनानेवालों के पास पहुँच जाता था और तरह-तरह के सवाल पूछने लगता था। उसके सवाल ऐसे होते थे, 'दूर से देखने पर हथौड़ी लगना पहले दिखाई देता है और आवाज बाद में आती है, ऐसा क्यों?' उसके ऐसे सवालों का जवाब कोई नहीं दे पाता था और जब उसके पिता कहते कि उन्हें नहीं मालूम तो वह फिर पूछ बैठता था कि 'क्यों नहीं मालूम?'

थॉमस अल्वा एडिसन हर चीज को बड़े ध्यान से निहारता था। वह अनाज के ड्रमों, लकड़ी के लट्ठों के आवागमन को देखता रहता था। वह हर कार्य की विधि जानना चाहता था और इस क्रम में हुए प्रयोगों में एक बार उसकी बीच की उँगली भी कट गई।

एक बार उसने देखा कि चिड़ियाँ कीड़े-मकोड़े खाती हैं। उसने यह भी देखा कि चिड़ियाँ उड़ती हैं। उसे लगा कि यदि मनुष्य भी उड़नेवाले कीड़े खाए तो वह भी उड़ने लगेगा। थॉमस ने कीट-पतंगे इकट्ठे किए और उनकी चटनी तैयार की। उसने उसमें पानी मिलाकर अपनी हमउम्र पड़ोसिन को पिला दिया। बेचारी लड़की मारे पेट दर्द के जमीन पर छटपटाने लगी। बड़ी मुश्किल से उसकी जान बच पाई। इस तरह एडिसन का उड़ने का सपना भी टूट गया।

मिलान में बालक एडिसन को टेलीग्राफ देखने को मिला। यह उस समय का सर्वाधिक महत्त्वपूर्ण व उपयोगी आविष्कार था। एडिसन को वहाँ पर दो बड़े आविष्कारकों से भी मिलने का अवसर मिला। ये थे जेनास किंग, जिन्होंने लोहे के पुल बनाए थे और सैमुअल विंचेस्टर, जिन्होंने हाइड्रोजन भरा पहला गुब्बारा बनाया था।

घर में पिता सैमुअल थॉमस की अजीबोगरीब हरकतों को बरदाश्त करते रहते थे। वे उसे कभी पिपरमिंट खरीदकर खिलाते तो कभी घोड़े पर या बग्घी में घुमाने ले जाते थे। कभी-कभी वे उसे बैंड संगीत सुनवाने भी ले जाते थे।

माता नैंसी नन्हे थॉमस से बहुत प्यार करती थीं। उन्हें थॉमस पर बहुत ज्यादा विश्वास था। पर वह प्यार के साथ थॉमस की बड़ी कुशलता से देखभाल करती थीं।

इधर, उस इलाके में तेजी से परिवर्तन भी हो रहे थे, नहर बनने से मिलान

इलाके में व्यापार बहुत बढ़ गया था। पर साथ ही पास में रेल लाइन भी बिछ रही थी। सरकार इस काम को तेज कर रही थी, क्योंकि रेल से यातायात अधिक सस्ता व सुविधाजनक था। सर्दियों में बर्फ जमने से पाँच महीनों तक नहर के जरिए यातायात बंद हो जाता था।

लोगों ने रेल का विरोध किया। उन्हें डर था कि गरम इंजन से उनकी फसलें व घास जल जाएँगी। इंजन की सीटी से उनके जानवर बिदकेंगे। धुएँ व गंदगी से उनका जीना दूभर हो जाएगा। लोगों का विरोध सफल रहा। रेल की लाइन का दूसरा रास्ता निकाला गया, जो मिलान के रिहाइशी इलाके से सात-आठ किलोमीटर दूर था।

पर विकास की गति जब प्रारंभ हो जाती है तो रुकती नहीं है। एक बार फिर से रेल लाइन बिछाने का प्रस्ताव आया। इस बार ह्यूरॉन नदी पर पुल बनाने का प्रस्ताव था। पर इस बार भी लोगों को लगा कि यदि पुल बना तो नदी के रास्ते चलनेवाला व्यापार बंद हो जाएगा। लेकिन पुल बन ही गया, क्योंकि रेल कंपनी मुकदमा जीत गई थी। इसके साथ ही मिलान नहर के जरिए होनेवाला व्यवसाय एक-चौथाई रह गया।

अब लोग नावों के बजाय रेलों के द्वारा अपने कृषि उत्पाद लाने लगे। नई व्यवस्था से मिलान चौपट हो गया, पर पोर्ट ह्यूरॉन की किस्मत जाग गई। पूरा इलाका साफ-सुथरा हो गया। रात को गैस-लैंप जलने लगे और चहल-पहल भी काफी बढ़ गई।

□

पढ़ाई में बाधा

सैमुअल एडिसन ने समझ लिया कि अब किस्मत कहीं और आजमानी चाहिए। वह मिलान छोड़कर वहाँ से 90 किलोमीटर दूर पोर्ट ह्यूरॉन में आकर बस गए।

सात वर्षीय एडिसन के लिए पानी के जहाज की यह पहली यात्रा थी। यहाँ आकर एडिसन परिवार दस एकड़ जमीन में बने दोमंजिला मकान में रहने लगा। यहाँ पर चारों ओर ऊँचे-ऊँचे पेड़ थे और पास में ही ह्यूरॉन झील थी।

पर इस बड़े और सुंदर मकान में रहनेवाले एडिसन परिवार के लोग घट रहे थे। शादीशुदा बहन मेरियोन अपने पति के साथ मिलान में ही रह रही थी। बड़ा भाई विलियम पिट एक कारोबार में साझीदार की हैसियत से दूर रहने लगा था। एक बहन की शादी हो गई और वह भी अपनी ससुराल चली गई। पिता सैमुअल पैसा कमाने की धुन में अकसर बाहर रहने लगे। उसने अनेक व अलग-अलग किस्म के व्यवसाय प्रारंभ कर दिए थे—जैसे सैलानियों की सेवा, परचून की दुकान, जमीन-जायदाद की खरीद-बिक्री, लकड़ी का व्यवसाय, खेती आदि।

ऐसे में बालक थॉमस को देखनेवाला कोई नहीं था। माता नैंसी ने उसे पास के एक स्कूल में भरती कराया, जहाँ पर ईसाई सिद्धांतों के अंतर्गत शिक्षा दी जाती थी।

यहाँ पर एक कक्षा में पंद्रह-सोलह बच्चे पढ़ते थे तथा परंपरागत विषयों के साथ-साथ पियानो व अन्य वाद्य यंत्र बजाना भी सिखाया जाता था। थॉमस कुछ दिनों तक पोर्ट ह्यूरॉन में एक कमरेवाले पब्लिक स्कूल में भी पढ़ा, जहाँ पर पाँच वर्ष से लेकर इक्कीस वर्ष तक के चालीस बच्चे में एक साथ पढ़ते थे।

बीमारी का बढ़ता प्रभाव

थॉमस का स्वास्थ्य प्रारंभ से ही कमजोर रहा। पोर्ट ह्यूरॉन आते ही वह स्कारलेट बुखार का शिकार हो गया। उसे अकसर सर्दी-जुकाम रहने लगा और साँस लेने में तकलीफ रहने लगी। इस कारण उसे सुनने में भी कठिनाई होने लगी, क्योंकि उसके कानों में अकसर कोई तरल पदार्थ भरा रहने लगा। इस कारण उसे पढ़ाई में ध्यान केंद्रित करने में भी कठिनाई होने लगी। कई बार वह पढ़ाए जा रहे विषयों को ग्रहण नहीं कर पाता था।

उस समय अमेरिका की शिक्षा-प्रणाली पूँजीवादी थी और स्कूल फैक्टरियों की तर्ज पर चलते थे। वहाँ पर छात्रों में दक्षता विकसित करने, जोड़-तोड़, तत्काल काम करने, मेहनत करने, महारत हासिल करने आदि पर जोर दिया जाता था। इसके अलावा नैतिकता व अनुशासन का भी बहुत ज्यादा महत्त्व था। छात्रों को आज्ञाकारी बनने, सहनशील रहने की शिक्षा दी जाती थी। उनसे उम्मीद की जाती थी कि वे समय पालन करें और शांति बनाए रखें। उस समय शिक्षा का उद्देश्य यह था कि बच्चे खाली बैठकर जुर्म की बात न सोचें और काम करके गरीबी दूर करने का प्रयास करें।

उस समय के स्कूल अपना दर्जा ऊँचा रखने का प्रयास करते थे। वे बच्चे की समस्याओं को तलाशने या अपनी पढ़ाई के तरीकों को सुधारने में समय बरबाद नहीं करते थे। जब कोई बच्चा सामान्य प्रयासों के बावजूद पढ़ाई में खरा नहीं उतरता था तो उसे अलग कर दिया जाता था और यह माना जाता था कि उसमें कोई जन्मजात कमी है।

दूसरी ओर, बालक एडिसन शिकायतों के अनेक मौके दे देता था। वह पढ़ाई में ध्यान नहीं दे पाता था और सपनों में खो जाता था। जब साथ में सबक रटाए जाते थे तो वह पीछे रह जाता था। वह सबक को अपनी कॉपी में कायदे से नहीं लिख पाता था।

उधर, शिक्षक की प्रगति इस बात पर निर्भर करती थी कि उसकी कक्षा के कितने विद्यार्थी अगली कक्षा में गए। उन्हें थॉमस जैसे छात्रों की प्रगति के बारे में जवाब देते हुए कठिनाई महसूस होती थी।

एक बार एडिसन की ओर इशारा करके उसके शिक्षक ने अपने निरीक्षक से कहा कि यह लड़का तो पागल है। थॉमस को बड़ा दुःख हुआ। उसने घर आकर अपनी माता को बताया। माता भी बुरी तरह आहत हुई और इसके साथ ही थॉमस का उस स्कूल में जाना बंद हो गया।

अब माता नैंसी ने थॉमस को स्वयं पढ़ाना प्रारंभ कर दिया। वह घर के

काम-काज से निपटकर अपने बेटे को बड़ी लगन से पढ़ाती थी। पर नई परिस्थितियों ने अब थॉमस को अंतर्मुखी बनाना प्रारंभ कर दिया। उसे कम सुनाई देता था। माता नैंसी उसकी काफी देख-रेख करती थी। उसका घर बहुत बड़ा था और शहर की चहल-पहल से दो किलोमीटर दूर था। अब वह लगन से पढ़ने लगा। वह तरह-तरह की किताबें पढ़ने लगा था।

प्रारंभ में उसने थॉमस पैने की काफी किताबें पढ़ीं। इन किताबों से थॉमस ने काफी कुछ सीखा और पाया कि मनुष्य तमाम बाधाओं के बावजूद अपने लक्ष्य की ओर बढ़ता चला जाता है तथा असंभव को चुनौती देता है।

थॉमस अल्वा एडिसन ने इतिहास संबंधी अनेक किताबें भी पढ़ीं और पाया कि आखिर प्राकृतिक व्यवस्था कैसे चलती है। जब उसकी माता ने उसे पार्कर लिखित एक किताब दी तो उसने तरह-तरह के सरल प्रयोगों को करने की कल्पना करना प्रारंभ कर दिया। अल्प अवधि में ही थॉमस का ज्ञान इतना बढ़ गया कि उसने घर में तरह-तरह के प्रयोग करना प्रारंभ कर दिया। उसने दो छोटी मशीनें बना डालीं, जो बिजली बनाती थीं—एक घर्षण की सहायता से और दूसरी चुंबकत्व की सहायता से।

अब वह तरह-तरह के प्रयोगों के लिए विचित्र पदार्थ जुटाने लगा, जैसे—पारा, पंख, गंधक, मधुमक्खियों का मोम, तेजाब आदि। बढ़ती गंदगी से माता नैंसी परेशान हो गई और उसने उसे घर के बेसमेंट में यह सब करने के लिए कहा।

अब थॉमस लगातार पढ़ाई करता था और पढ़ाई के आधार पर तरह-तरह के अटपटे प्रयोग भी करता था। उसकी माता उसकी इन हरकतों की वकालत करती थी और उसे अन्य बच्चों से अलग बताती थी।

नवंबर 1859 में थॉमस मात्र बारह वर्ष का था, जब उसे एक महत्त्वपूर्ण रेलयात्रा करने का अवसर मिला। पिता सैमुअल के साथ वह मिलान में कुछ सामान पहुँचाने रेलगाड़ी से गया था, जहाँ पर उसकी बड़ी बहन मेरियोन व बहनोई होमर रहते थे। रास्ते में थॉमस ने अपने तमाम सामान पर ब्रश व रंग से ऐसे निशान लगा दिए थे, ताकि उन्हें उतारते समय पहचानने में आसानी हो।

यह कला उस समय अभूतपूर्व थी और स्टेशन मास्टर ने इसकी तारीफ की। उसने तत्काल थॉमस की सेवाएँ माँगीं और कहा कि इसके बदले उसे रहना-खाना व तीस डॉलर प्रतिमाह मिलेंगे।

□

रेल में प्रयोगशाला

अब बालक थॉमस प्रतिदिन सुबह सात बजे पोर्ट ह्यूरॉन से रेल में रवाना होता था और उसके साथ तमाम डिब्बे होते थे। अपनी तीन घंटे की रेलयात्रा में वह रेल में अनेक चीजें, जैसे—अखबार, पत्रिकाएँ, टॉफियाँ, मूँगफली, सिगार, पोस्टकार्ड, चुटकुलों की किताबें, उपन्यास आदि बेचने लगा था। वह बीच रास्ते में उपन्यास पढ़ता भी था। धीरे-धीरे बेचे जानेवाले सामानों की सूची में फल, सैंडविच, साबुन, तौलिया आदि भी जुड़ते चले गए।

थॉमस रात्रि नौ बजे घर वापस आ पाता था और उस समय की रेलयात्रा भी उबाऊ होती थी। रेलें काँपती ही नहीं थीं वरन् झटके भी खाती थीं। उनकी गति 30-32 किलोमीटर प्रति घंटे से अधिक नहीं होती थी। रेलगाड़ी अकसर पटरी से उतर जाती थी और खतरनाक दुर्घटनाएँ हो जाती थीं। हर डिब्बे में एक चूल्हा होता था, जिस पर यात्रियों के लिए खाना बनता था। रेलों में स्वचालित ब्रेक की व्यवस्था सन् 1870 के दशक में ही हो पाई थी और उससे पहले गाड़ी को हाथ से रोकने की एक कठिन व विचित्र व्यवस्था होती थी। गाड़ियों के डिब्बों की डिजाइनें भी नदियों में चलनेवाली नावों जैसी थीं। सीटें ऐसी थीं कि यात्री किसी भी ओर मुँह करके बैठ जाता था। बीच में सात फीट लंबा एक खोखा जैसा होता था, जिसमें महिलाएँ अपने बच्चों को दूध पिला सकती थीं।

अमेरिकी रेलों में उस समय समाजवाद था। पहला दर्जा, दूसरा दर्जा आदि नहीं थे और टिकट बहुत सस्ता होता था। धुएँ, घंटियों, सीटियों, गति आदि से ऐसा लगता था कि किसी कारखाने में बैठे हैं।

ऐसे माहौल में थॉमस अल्वा एडिसन ने प्रारंभ में अध्ययन करना प्रारंभ

किया। उसने एक पुस्तकालय की सदस्यता ले ली और न्यूटन की प्रसिद्ध पुस्तक 'प्रिंसिपिया मैथेमेटिका' पढ़ डाली। धीरे-धीरे वह अन्य किताबें पढ़ता चला गया।

एक दिन उसने डेट्रायट से निकलनेवाला अखबार खरीदा और उसे रेल में बेचना प्रारंभ किया। अखबार बेचकर उसका मन नहीं भरा और उसने अब अखबार छापना प्रारंभ कर दिया। उसका साप्ताहिक पत्र 'ग्रांड ट्रंक हेराल्ड' प्रति माह आठ सेंट की दर पर बिकने लगा। प्रारंभ में वह अपने घर के बेसमेंट में इस अखबार को छाप लेता था।

अपनी माँ से प्रेरणा पाकर आगे बढ़नेवाला थॉमस अल्वा एडिसन अपनी माँ से बहुत प्यार करता था। वह दिन में इतना कमा लेने का प्रयास करता था, ताकि माँ के लिए रोज एक डॉलर बचा ले। धीरे-धीरे वह बाल पत्रकार के रूप में प्रसिद्ध होता चला गया। वह रेल में बैठे-बैठे तरह-तरह के स्थानीय व अन्य समाचार एकत्रित कर लेता था। वह विज्ञापन आदि भी जुटा लेता था। धीरे-धीरे उसके अखबार के 500 नियमित पाठक हो गए, जो शुल्क देकर अखबार पढ़ते थे। इसके अलावा वह रोजाना 200 अखबार रेलगाड़ी में बेच लेता था। उसके इस ऐतिहासिक अखबार की दो प्रतियाँ मरते दम तक उसके साथ रहीं।

छह महीने के प्रकाशन व्यवसाय में थॉमस ने 'हेराल्ड' के चौबीस अंक निकाले, उनमें बालक थॉमस की मानसिक स्थिति की झलक लोगों को मिलती रही। उसने इसमें रेलगाड़ियों की समय सारणी, रास्ते में पड़नेवाले व्यापारियों के विज्ञापन, जन्म-मृत्यु की सूचना तथा चुटकुले आदि छापे।

समय के साथ थॉमस का कारोबार बढ़ता चला गया। अपने पिता के खेतों से उपजी सब्जियाँ भी वह रेलों में, प्लेटफॉर्म पर बिकवाने लगा और इस क्रम में उसने दो लड़कों को रोजगार भी दिया। वह लोगों को सस्ती चीजें उपलब्ध कराता रहा और मुनाफा भी कमाता रहा। उसके काम से किसान प्रसन्न थे और रेल कर्मचारी व अधिकारी भी।

अब थॉमस ने अपनी बढ़ी हुई आय से रेलगाड़ी में ही छोटी सी प्रयोगशाला तैयार कर ली और वह उसमें तरह-तरह के प्रयोग करने लगा। अपने आंशिक बहरेपन के कारण वह पहले रेलगाड़ी के शोरगुलवाले वातावरण में अध्ययन कर लेता था और अब भाँति-भाँति के प्रयोग।

एक दिन वह एक रासायनिक प्रयोग कर रहा था, तभी ऊपर रखा फॉस्फोरस नीचे गिर गया और उसमें आग लग गई। सभी लोग घबरा गए। रेलगाड़ी का गार्ड आया और उसने जाँच की। जब उसने थॉमस को इस घटना के लिए जिम्मेदार पाया

तो कई चाँटे उसके कान पर जमा दिए।

इसके बाद उसने बालक थॉमस को गाड़ी से धक्का देकर नीचे गिरा दिया और उसकी प्रयोगशाला, दुकान, अखबार आदि सब एक-एक कर नीचे फेंक दिए।

बालक थॉमस का अब तक का जुटाया सारा साज-सामान तिनके-तिनके होकर बिखर गया। साथ ही उस गार्ड के तमाचों का सीधा असर उसके कान पर पड़ा। इससे वह और ज्यादा बहरा हो गया।

□

टेलीग्राफ की दुनिया

थॉमस अल्वा एडिसन का बाल्यकाल प्रौद्योगिकी का उदयकाल था। उस समय एक ओर रेल-पटरियों के बिछने से यातायात-क्रांति हो चुकी थी, वहीं टेलीग्राफ की लाइनों के बिछने से संचार-क्रांति का सूत्रपात हो चुका था।

मोर्स द्वारा सन् 1837 में विकसित टेलीग्राफ अब धीरे-धीरे दूर-दूर तक फैल चुका था। जब थॉमस पंद्रह वर्ष का था तो टेलीग्राफ की लाइनें वाशिंगटन से सैन फ्रांसिस्को तक बिछाई जा चुकी थीं।

जिज्ञासु थॉमस की दिलचस्पी इस अनोखी दूर-संचार व्यवस्था में जग गई थी। वह इस व्यवस्था के बारे में अधिक-से-अधिक जानना व समझना चाहता था, पर उसे तो बहुत कम सुनाई देता था। प्रारंभ में उसे डैश व डॉट मात्र टक-टक लगते थे। पर उसने जानने का प्रयास जारी रखा और किसी को यह नहीं बताया कि उसे कम सुनाई देता है। उसने एक रेलवे स्टेशन पर स्थित टेलीग्राफ दफ्तर के चक्कर लगाने प्रारंभ कर दिए।

उस रेलवे स्टेशन के स्टेशनमास्टर मैकेंजी का तीन वर्षीय पुत्र एक दिन सवेरे प्लेटफॉर्म पर खेल रहा था। पिता मैकेंजी का ध्यान किसी और तरफ था। खेलते-खेलते वह बच्चा दूर रेल लाइन पर चला गया। उधर से मालगाड़ी आ रही थी। उस समय खतरे की सूचना देने, ब्रेक लगाने आदि की व्यवस्था कमजोर थी और उस गाड़ी का ड्राइवर चिल्ला-चिल्लाकर बच्चे को संकेत देने का प्रयास करने लगा।

इस बीच बेकार घूम रहे थॉमस की निगाह उस बालक पर पड़ी। वह तेजी से रेल लाइन की ओर दौड़ पड़ा और उस बच्चे को सुरक्षित उठाकर दूसरी

ओर ले आया। दोनों को ज्यादा चोट नहीं आई, सिर्फ गिट्टी के कुछ कारण खरोंचें लगी थीं।

कृतज्ञ पिता मैकेंजी ने थॉमस की इच्छा देखकर उसे कुशल टेलीग्राफिस्ट बनाने का बीड़ा उठा लिया। मात्र तीन महीने में थॉमस ने टेलीग्राफी में संदेश भेजने की गति अच्छी-खासी बढ़ा ली थी। उसने अन्य प्रकार के काम भी जारी रखे और राइफलों से लेकर बरतन, घड़ियाँ, स्टेशनरी का सामान आदि भी बेचा। वह रात्रि सात बजे से सुबह सात बजे तक टेलीग्राफ के दफ्तर में काम करता था। इस बीच वह कुरसी पर बैठे-बैठे कुछ देर के लिए सो भी लेता था। बीच-बीच में गाड़ी आने से टेलीग्राफ के संकेत आते थे और उसकी नींद में बाधा उत्पन्न हो जाती थी। एक बार उसकी असावधानी से एक बड़ी दुर्घटना होते-होते बची; पर बाद में उस असावधानी की जाँच हुई तो उसे उस जिम्मेदारी के पद से हटा दिया गया।

इसी बीच उसकी प्यारी बहन रैनी का देहांत हो गया। तीस वर्षीय रैनी गर्भवती थी और बच्चे को जन्म देते समय चल बसी। इस घटना से थॉमस को बहुत दुःख हुआ। वह कुछ दिन यों ही इधर-उधर घूमता रहा और फिर उसने एक टेलीग्राफ दफ्तर में काम करना प्रारंभ कर दिया। उस समय रात की ड्यूटी कोई नहीं करना चाहता था, वहाँ थॉमस को नौकरी मिल गई, क्योंकि वह रात को ही ड्यूटी करना पसंद करता था। इससे उसे दिन में दूसरे काम करने का अवसर मिल जाता था। पर यह नौकरी भी ज्यादा दिन तक नहीं चल पाई।

एक दिन उसके अधिकारी ने एक महत्त्वपूर्ण व लंबा संदेश भेजने के लिए दिया और कहा कि यदि इसके लिए जरूरी हो तो वह अन्य संदेशों का प्रेषण रोक दे। आज्ञाकारी थॉमस ने ऐसा ही किया और उसने जो संदेश रोका वह जिला अधीक्षक का था। पर जब इसके लिए जवाब तलब किया गया तो उसके अधिकारी ने झूठ बोल दिया। इससे थॉमस की नौकरी फिर चली गई।

इसके बाद थॉमस को प्रेस के लिए संदेशों की प्रतिलिपियाँ तैयार करने का काम मिला। थॉमस ने इस कार्य को आसान बनाने के लिए अपनी आविष्कारी मनोवृत्ति का सहारा लिया और इस काम को छह महीने तक करता रहा।

बदहाली के इस हालात में थॉमस ने अनेक प्रकार के काम किए। टेलीग्राफ ऑपरेटर जब छुट्टी पर जाते तो वह उनकी जगह अस्थायी रूप से काम करता था। इस क्रम में उसे गिलिलैंड नामक एक व्यक्ति मिला, जो एडिसन की ही तरह यांत्रिक आविष्कार करनेवाली मनोवृत्ति का था। दोनों के बीच घनिष्ठता हो गई और वह लंबे समय तक चली।

इन दोनों ने खाली समय में तरह-तरह के उपकरण बनाए। एडिसन ने इसी अवधि में एक साथ दोहरी टेलीग्राफी की कला विकसित की। अब थॉमस को प्रथम श्रेणी के ऑपरेटर का दर्जा मिल गया और उसे प्रति माह 125 डॉलर वेतन मिलने लगा। उसने अन्य टेलीग्राफ ऑपरेटरों के साथ मिलकर एक स्थानीय यूनियन भी बनाई। इस के जरिए एक पत्रिका 'द टेली ग्राफर' भी प्रकाशित हुई, जिसमें थॉमस एडिसन ने सशक्त संपादकीय लिखे।

इन दिनों में थॉमस की नौकरियाँ लगती-छूटती रहीं और वह बरखास्त भी होता रहा। पर उसका हौसला बुलंद रहा। उसने अपने घरवालों का मनोबल ऊँचा रखने के लिए पत्र में लिखा कि अब मैं देखने में लड़का नहीं लगता हूँ। मैं जवान हो गया हूँ। मैं स्पेनिश भाषा सीख रहा हूँ और जब घर आऊँगा तो अच्छी स्पेनिश बोल व लिख भी लूँगा।

इस बीच एक पत्रिका में विज्ञापन निकला कि ब्राजील में अमेरिकी टेलीग्राफिस्टों की आवश्यकता है। थॉमस व उसके कुछ टेलीग्राफिस्ट मित्रों ने फैसला किया कि वे ब्राजील जाकर अपनी किस्मत आजमाएँगे। वे न्यू ओर्लियंस तक पहुँच भी गए, पर फिर उन्होंने देखा कि वहाँ पर जातीय दंगे भड़क उठे हैं और उग्रवादियों ने स्टीमरों पर कब्जा कर लिया है। मजबूर होकर थॉमस व उसके साथी पोर्ट ह्यूरॉन वापस लौट आए।

इन उतार-चढ़ावों के दिनों में थॉमस ने टेलीग्राफी के क्षेत्र में अच्छी महारत हासिल कर ली थी। उसकी गति भी बढ़ गई थी। वह संक्षिप्त लेखन की कला में कुशल हो चुका था। वह संपादन के क्षेत्र में अंशकालिक भूमिका लगातार निभाता रहा।

पत्रकारिता से उसे गजब का लगाव था। उसने 'नॉर्थ अमेरिकन रिव्यू' पत्रिका के अब तक प्रकाशित बीस खंड नीलामी में खरीदे थे और उन्हें पढ़कर उसने अनेक मामलों, जैसे—कविता, अमेरिकियों की आत्म-पहचान, विस्तारवाद, पुनर्निर्माण, नीग्रो लोगों की भूमिका, महिलाओं, यहूदियों, आयरिशों से जुड़े सवालों पर अपना ज्ञान बढ़ाया। उसने उस काल के तमाम सिद्धांतवादियों के विचार पढ़े।

सचमुच थॉमस एडिसन का मस्तिष्क ज्ञान का भूखा था। वह न सिर्फ पढ़ता था वरन् समझकर लिखता भी था। काम के लंबे घंटों के बाद वह नीलामी में खरीदी गई पठन-सामग्री का गट्ठर लेकर घर पहुँचता था और उसे धीमी रोशनी में पढ़ता था। कई बार उसे पुलिसवाले पकड़ भी लेते थे, क्योंकि उन्हें लगता था कि वह किताबें चुराकर ले जा रहा है।

उन दिनों उसके रहने-खाने का भी उचित ठिकाना नहीं होता था। अकसर वह टेलीग्राफ दफ्तर के बैटरी रूम में रहता था, जहाँ गंधक के अम्ल की तेज गंध होती थी। कई बार काम होने पर भी पढ़ने व अधिक जानने की भूख उसे पुस्तकालयों की ओर खींच लाती थी।

वह अब अनेक तकनीकी विषयों पर पुस्तकें पढ़ता रहता था। वह पुस्तकों से ताप चालकता संबंधी सारणियाँ नोट करता था। इसी तरह वह ताँबे व चाँदी के प्रयोग में फायदे-नुकसान, रिले, स्प्रिंग आदि के प्रयोग से संबंधित छोटी-छोटी जानकारियाँ नोट करता रहता था।

वह माइकेल फैराडे से भी अत्यधिक प्रभावित था और उन्हें अपना आदर्श मानने लगा था। माइकेल फैराडे की पढ़ाई भी तेरह वर्ष की आयु में ही छूट गई थी और वह किताबें बाइंड करनेवाले की दुकान में नौकरी करने लगा था। उसने भी किताबें बाइंड करने के दौरान एन्साइक्लोपीडिया ब्रिटेनिका पढ़ा था। बाद में फैराडे ने विद्युत् संबंधी अनेक प्रयोग किए तथा दुनिया को विद्युत् के बारे में अद्‌भुत ज्ञान दिया।

थॉमस एडिसन ने फैराडे के विद्युत् व चुंबकत्व संबंधी तमाम प्रयोगों का विवरण पढ़ा और विद्युत् के गुणों के बारे में जाना। उसने यह भी सीख लिया कि अपने प्रयोगों के लिए आवश्यक उपकरण व यंत्र कैसे बनाए जाते हैं।

फैराडे व फैराडे के सिद्धांतों के बारे में पढ़कर थॉमस अल्वा एडिसन का आत्मविश्वास और बढ़ गया तथा अब उसे अपनी औपचारिक शिक्षा की कमी नहीं खलती। पर उधर घरेलू मोरचे पर थॉमस एडिसन का बुरा हाल था। उन दिनों अमेरिका में गृहयुद्ध छिड़ा हुआ था और थॉमस एडिसन का मकान जला दिया गया था, जिससे उसका परिवार दर-बदर हो गया था। अब उसका परिवार एक छोटे से मकान में रह रहा था।

माता नैंसी अनेक बीमारियों व भयंकर अवसाद से पीड़ित थी। पिता सैमुअल एडिसन का सारा कारोबार चौपट हो चुका था। थॉमस खुद भी बहुत बीमार था। सन् 1867 की सर्दियों में वह बिस्तर पर पड़े रहने को मजबूर रहा।

□

बोस्टन में किस्मत आजमाई

बीस वर्षीय थॉमस के पास उसके एक मित्र मिल्टन ऑडम्स का पत्र आया, जिसमें लिखा था कि बोस्टन स्थित फ्रैंकलिन टेलीग्राफ कंपनी में एक जगह खाली है। यदि थॉमस जल्दी आ जाए तो उसे वह नौकरी मिल सकती है।

थॉमस किसी तरह तमाम बाधाओं का सामना करते हुए बोस्टन पहुँचा, जो एक महानगर था। जब चार दिन की यात्रा का थका-हारा बदहाल एडिसन उस कंपनी के मैनेजर जॉर्ज मिलिकेन के सम्मुख साक्षात्कार हेतु प्रस्तुत हुआ तो उसके कपड़े मैले थे, पर उसने मैनेजर को अपनी बातों से प्रभावित कर लिया था। उसने साबित कर दिया था कि गरीबी किसी व्यक्ति की प्रगति में बाधक नहीं हो सकती है।

वह यहाँ आकर काम करने लगा। उसके रहने-खाने का कोई ठिकाना नहीं था। वह जहाँ जगह मिलती थी, सो जाता था। उसे अकसर अपने मित्रों से ही नहीं, अजनबियों से तरह-तरह की सहायता माँगनी पड़ती थी। वह तरह-तरह के काम करता था। कई बार उसे अपना काम निकालने के लिए गुस्सा भी दिखलाना पड़ता था।

पर इस हाल में भी वह जब भी अवसर मिलता था, पढ़ता रहता था और जरूरी बातें अपनी नोटबुक में दर्ज करता रहता था। उसके मस्तिष्क में तरह-तरह के विचार उमड़ते रहते थे और वह उन्हें अपनी नोटबुक में, जो जेब में ही रहती थी, कलमबद्ध करता रहता था।

अपने इन विचारों के आधार पर वह अनेक प्रयोग भी करता था। प्रयोग के बाद जब उसके मस्तिष्क में नए विचार उमड़ते थे तो वह फिर उन्हें लिख लेता था।

इस क्रम में उसकी जेबी नोटबुक बहुत जल्दी भर जाती थी। कई बार उसे एक हफ्ते के अंदर ही दूसरी नोटबुक लेनी पड़ती थी।

बोस्टन आते ही थॉमस एडिसन का आविष्कारों का सिलसिला चल पड़ा। टेलीग्राफ के दफ्तर में काम करते-करते उसने खाली समय में विद्युत्-चालित वोट रिकॉर्डर मशीन बना डाली और उसका पेटेंट भी करा लिया। इसमें 'हाँ' और 'ना' विद्युत् सर्किटों के माध्यम से दर्ज हो जाते थे और विधानसभा आदि में मत-विभाजन के समय इसके प्रयोग से जल्दी व सही परिणाम आ जाता था।

थॉमस उस मशीन के लिए खरीदार ढूँढ़ने के लिए जगह-जगह भटका। लोग उससे बात करते समय उसके पुराने मैले कपड़े व बातचीत का सामान्य लहजा देखते थे, पर साथ ही उसके नए विचारों से प्रभावित हुए बिना भी नहीं रहते थे। पर कुल मिलाकर उसकी वोटिंग मशीन असफल ही रही। पर थॉमस ने हार नहीं मानी। उसने टेलीग्राफ की अपनी नौकरी छोड़ दी और अब पूरा समय आविष्कारों में ही लगाने लगा।

इस बीच उसे एक शुभचिंतक मिले, जिनका नाम था—रॉल्फ वाल्डू इमर्सन। उन्होंने उसकी आविष्कारी प्रवृत्ति को देखकर समझाया कि आविष्कार व्यक्ति के अंदर से निकलते हैं। पर ये तभी सफल हो सकते हैं जब उद्योग-जगत् की माँग के अनुरूप हों। अतः इनका उपयोग इस तरह होना चाहिए, ताकि ये सही जगह पर पहुँचें।

थॉमस एडिसन अपने आविष्कार के कार्य में लगा रहा। गरीबी के कारण उसे गंदी जगहों पर रहना पड़ता था। उसके रहने के कमरे में ही नहीं, उसके कपड़ों में भी कॉक्रोच घूमते दिखाई दे जाते थे। कई बार मेढक उसके बिस्तर पर उछलते-कूदते थे, पर इन सबसे उसके आविष्कारों में बाधा नहीं आती थी।

अब कुछ लोग उसके आविष्कारों में पैसा भी लगाने के लिए तैयार हो गए थे। अब उसने टिकट टेपिंग मशीन बनाई। उसने उधार लेकर अन्य कई छोटी-छोटी चीजें भी बनाईं। अब लोग बाईस वर्षीय थॉमस एडिसन को कुशाग्र बुद्धि का व्यक्ति मानने लगे थे।

बोस्टन में उसके प्रारंभिक तीन-चार वर्ष संघर्षपूर्ण रहे थे। यहाँ पर अनेक लोग उसके काम में सहायता दे रहे थे और उनमें से अनेक साझीदार या कर्जदार की भूमिका निभा रहे थे। हालाँकि कुछ खास सफलता तो नहीं मिल रही थी, पर निराशा का वातावरण भी नहीं था।

पर इसी बीच उसे एक दुःखद समाचार का सामना करना पड़ा। 9 अप्रैल,

1871 को उसकी प्यारी माँ चल बसीं। थॉमस को गहरा आघात लगा। वह अपनी माता को दफनाने अपने पिता के घर पहुँचा।

पर दु:खी थॉमस को तब बहुत आश्चर्य हुआ जब उसके वृद्ध पिता ने नैंसी के निधन के मात्र तीन सप्ताह बाद ही सोलह वर्षीया एक लड़की मेरी शारलॉ से शादी कर ली। यह लड़की पहले घर में घरेलू कामों की देख-रेख किया करती थी। बाद में मेरी शारलॉ थॉमस की तीन सौतेली बहनों की माता बनी। पिता सैमुअल अपनी नई पत्नी से बहुत प्यार करता था।

अपने पिता को देखकर थॉमस को भी खयाल आया कि जीवन में आविष्कार, विज्ञान, पत्रकारिता, पैसा ही सबकुछ नहीं है। उसकी भी विवाह करने की आयु हो चुकी है। इसी बीच उसे टेलीग्राफ ऑफिस में नई-नई नियुक्त सोलह वर्षीया लड़की मेरी स्टिलवेल मिली, जो हॉलैंड मूल की थी और उसके पिता नेवार्क में रहते थे।

थॉमस व मेरी में जल्दी ही प्रेम विकसित हो गया और दोनों ने सन् 1871 में क्रिसमस के अवसर पर विवाह कर लिया। अब थॉमस के ऊपर गृहस्थी की भी जिम्मेदारी आ गई। इसी बीच उसे उसका एक हमउम्र व्यक्ति मिला, जिसका जन्म इंग्लैंड में हुआ था। बैचलर नामक यह व्यक्ति अमेरिकी गृहयुद्ध की समाप्ति पर अमेरिका आया था। उसका काम मशीनों को लगाना था। उसे अमेरिका टेलीग्राफ वर्क्स में थॉमस एडिसन पहली बार मिला था।

बैचलर एक मृदुभाषी व्यक्ति था और मशीनों के कार्य में अति कुशल था। जल्दी ही थॉमस व बैचलर ने एक-दूसरे को अच्छी तरह समझ व पहचान लिया।

अब दोनों ने मिलकर टेलीग्राफ तंत्र में सुधार करना प्रारंभ किया। एडिसन ने टेलीग्राफ लाइनों पर एक साथ कई संदेश भेजने की व्यवस्था की और उसे अधिक मजबूत करने का प्रयास करना प्रारंभ कर दिया। उसने डॉट व डैश के लिए छेदों के आकार में एकरूपता लाना प्रारंभ किया। उसने डैश के छेद का आकार तीन डॉट के समतुल्य बनाया। इससे काफी आसानी हो गई।

उसने पुलिस व अग्निशमन विभाग से आनेवाले आपातकालीन संदेशों के लिए एक नया कूट संकेत 911 विकसित किया। अपनी तमाम व्यस्तताओं के बीच थॉमस एडिसन ने टेलीग्राफी पर एक पुस्तक लिखने की भी योजना बना ली और अलग-अलग कुछ अध्याय भी लिख डाले; पर वह पुस्तक पूरी नहीं हो पाई। पर फिर भी उसकी विविध साहित्यिक गतिविधियाँ समय-समय पर चलती रहीं। थॉमस कविताएँ भी लिखा करता था।

अमेरिका के लिए वह अत्यंत कठिन समय था। देश में रेल लाइनें एक छोर से दूसरे छोर तक बिछ चुकी थीं, पर इस महत्त्वपूर्ण आधारभूत ढाँचे का पूरा इस्तेमाल नहीं हो पा रहा था। इसी बीच पूँजी बाजार में एक बड़ा घोटाला हो गया था और उसके कारण पाँच हजार व्यावसायिक फर्मों तथा सत्तावन शेयर बाजार बुरी तरह प्रभावित हो चुके थे। सितंबर 1873 में घटी इस घटना के कारण न्यूयॉर्क शहर के 25 प्रतिशत कामगार बेरोजगार हो गए थे। इसका शहर की कानून व्यवस्था पर भी बुरा असर पड़ रहा था।

पर ऐसे माहौल में भी एडिसन तरह-तरह के काम करके अपनी जीविका भी चला रहा था और आविष्कारों में भी जुटा था। वह अकसर रात-रात भर काम करता था और इसका उसके पारिवारिक जीवन पर दुष्प्रभाव पड़ रहा था।

कठिनाई भरे जीवन का एक सुखद पहलू यह था कि मेरी स्टिलवेल माँ बनी और उसने एक बच्ची को जन्म दिया, जिसका नाम मैरियोन रखा गया; पर थॉमस उसे प्यार से 'डॉट' कहकर पुकारता था। इससे थॉमस की टेलीग्राफी के प्रति समर्पण के बारे में ज्ञान होता है। अब उसके ऊपर जिम्मेदारी और बढ़ गई तथा वह अपने परिवार के लिए ज्यादा धन जुटाने के प्रयासों में लग गया। 10 जून, 1875 को उसने तय किया कि अब वह सिर्फ दिन में काम करेगा और रात परिवार के साथ बिताएगा।

पर वह ऐसा नहीं कर सका। जून 1875 में उसने इलेक्ट्रोमोटोग्राफ पर काम करना प्रारंभ किया और इसमें उसे लगातार दिन-रात काम करते रहना पड़ा। उसे रात-दिन लगातार काम करते रहने में कोई कठिनाई नहीं होती थी।

जब वह वेस्टर्न यूनियन में क्वाड्रुप्लेक्स पर काम कर रहा था तो उसने लगातार सौ दिनों तक दिन-रात काम किया था। उसने अपना जीवन इस तरह व्यवस्थित कर लिया था कि वह सप्ताह में सिर्फ एक दिन ही नहाता था। वह दिन में तीन बार भोजन करता था, पर उसमें पूरा संतुलन बनाए रखता था। वह अकसर कपड़े बदलना या बिस्तर पर लेटने से पूर्व जूते उतारना भूल जाता था। जब बहुत ज्यादा कठिनाइयाँ होती थीं, तभी उसे यह सब याद आता था और वह इन दैनिक कार्यों को सामाजिक परंपरा की तरह नहीं करता था।

पर इन सब बातों से उसकी पत्नी मैरी परेशान रहती थी। वह अकसर बच्चों की तरह शिकायत करती रहती थी। उसे असुरक्षा भी महसूस होती थी और इस कारण वह अपनी बड़ी बहन आलिस पर अधिक निर्भर रहती थी। संयोग से उसके माता-पिता भी पास में ही रहते थे और उनसे उसे कुछ सहयोग मिल जाता था। वह

अपने अनोखे पति को रिझाने की पूरी कोशिश करती थी। पर एडिसन पारिवारिक दायित्वों को सामाजिक परंपरा के रूप में नहीं वरन् अत्यावश्यक महसूस होने पर ही निभाता था।

कार्यक्षेत्र में पहचान

आविष्कारों के अपने कार्यक्षेत्र में एडिसन की पहचान तेजी से बन रही थी। उस समय टेलीग्राफ कंपनियों में कड़ी प्रतिस्पर्धा चल रही थी। जब एडिसन ने क्वाड्रुप्लेक्स तैयार किया तो वेस्टर्न यूनियन व उसके प्रतिस्पर्धी अटलांटिक एंड पैसेफिक टेलीग्राफ कंपनी के मध्य प्रतिस्पर्धा प्रारंभ हो गई। अटलांटिक एंड पैसेफिक टेलीग्राफ कंपनी के मालिक जय गोल्ड ने एडिसन को तीस हजार डॉलर देने की पेशकश की और कहा कि वह इस आविष्कार संबंधी सारे अधिकार उन्हें बेच दे।

उस समय थॉमस अल्वा एडिसन को पैसों की सख्त जरूरत थी और उसका काफी काम फैला पड़ा था। उसने नया प्रस्ताव मान लिया, पर इसके कारण उसे वेस्टर्न यूनियन के साथ कानूनी विवाद का सामना करना पड़ा, क्योंकि वेस्टर्न यूनियन ने क्वाड्रुप्लेक्स के पेटेंट अधिकार को चुनौती दे दी। यह मुकदमा लगभग चार दशक तक चला।

नए नियोक्ता गोल्ड ने एडिसन को कंपनी में इलेक्ट्रीशियन का दर्जा दिया। एडिसन वहाँ पर काम करने लगा। साथ ही उसने पेटेंट अधिकार से प्राप्त पैसे को अपने ऊपर खर्च नहीं किया और एक भवन में प्रयोगशाला स्थापित करने में लगा दिया। यहाँ पर उसने अनेक लोगों को नियुक्त किया और अपना काम बढ़ाया। उसने सन् 1876 में फिलाडेल्फिया में लगनेवाली प्रदर्शनी में भी बड़ा स्टॉल लिया और अपने कार्यों का प्रदर्शन किया।

पर वेस्टर्न यूनियन ने भी उसे नहीं छोड़ा। उस समय अलेक्जेंडर ग्राहम बेल व एलिशा ग्रे टेलीफोन के आविष्कार पर कार्य कर रहे थे, जिसे उस समय 'बोलने वाला टेलीग्राफ' कहा जाता था। यह जानकर वेस्टर्न यूनियन के मालिक ओर्टन ने उसे इस दिशा में काम करने के लिए प्रेरित किया।

पर एडिसन को तो बहुत कम सुनाई देता था। अतः उसने ऐसा टेलीफोन बनाने का प्रयास प्रारंभ किया, जिससे अधिक स्पष्ट सुनाई दे। उसने इसके लिए नए सिरे से प्रयोग प्रारंभ किए। उसने देखा कि टेलीग्राफी उपकरणों में कई बार स्पार्क उत्पन्न हो जाता था। वह इसका उपयोग टेलीफोन में करना चाहता था। अपने इस

मंतव्य को उसने अपनी पत्रिका में कलमबद्ध भी किया।

पर जब उसने अपने इन प्रयोगों को मीडिया के सम्मुख प्रस्तुत किया तो ज्यादातर लोगों ने उसका मजाक बनाया। पर तभी उसे एक चिकित्सक मिला, जिसका नाम जॉर्ज मिलर बर्ड था। वह लंबे समय से विभिन्न बीमारियों के इलाज में विद्युत् करेंट के इस्तेमाल पर प्रयोग कर रहा था।

बर्ड ने एडिसन का हौसला बढ़ाया और बताया कि विद्युत् का उपयोग ओषधि के रूप में भी किया जा सकता है। इससे चर्म रोग भी ठीक किए जा सकते हैं और अनेक मनोरोग भी। बर्ड ने समझाया कि मानव शरीर में निरंतर विद्युत् धारा प्रवाहित होती रहती है और यही जीवन का कारण है।

संयोगवश बर्ड व एडिसन में अनेक समानताएँ थीं। दोनों को सुनने में कठिनाई होती थी। दोनों ही लगातार परिश्रम करते रहते थे और अकसर भोजन पर मिलते थे। बर्ड ने एडिसन को समझाया कि अखबारों में छपी आलोचनाओं की ज्यादा चिंता नहीं करनी चाहिए।

अब एडिसन बर्ड के कामों में भी हाथ बँटाने लगा। उसने मनुष्य के शरीर से संबंधित अनेक विद्युतीय प्रयोग किए। इनमें बैचलर ने भी उसका लगातार साथ दिया।

□

मेनलो पार्क की प्रयोगशाला

एडिसन का कारोबार बढ़ता जा रहा था। उसने अपने पिता को न्यू जर्सी के एक ग्रामीण इलाके में जमीन के बड़े टुकड़े की खरीद के लिए भेजा, ताकि स्थान की समस्या हल हो। इधर एडिसन के परिवार में भी वृद्धि हुई। थॉमस के पुत्र का जन्म हुआ, जिसका नाम थॉमस अल्वा ही रखा गया। एडिसन अपने इस पुत्र को प्यार से 'डैश' कहकर पुकारता था।

आखिर उसे एक जगह मिल ही गई। मेनलो पार्क नामक यह ग्रामीण स्थान न्यूयॉर्क शहर के बाहर था और नेवार्क से लगभग 32 किलोमीटर दूर दक्षिण में था। एडिसन ने यह जमीन पाँच हजार दो सौ डॉलर में खरीद ली।

इसके साथ ही पिता सैमुअल एडिसन की देख-रेख में सन् 1876 में एक बड़ी प्रयोगशाला का निर्माण प्रारंभ हो गया। यह भवन दो-मंजिला था। इसमें 100 फीट लंबी एवं 30 फीट चौड़ी प्रयोगशाला थी तथा लकड़ी का काम और मशीनों का काम आदि करने के लिए अलग-अलग प्रकार की व्यवस्था थी।

प्रारंभिक दिनों में इस प्रयोगशाला में मेगाफोन से संबंधित प्रयोग किए गए। इसके अलावा प्रयोगशाला में अन्य प्रकार के प्रयोगों की व्यवस्था भी बढ़ती चली गई। इसमें विभिन्न प्रकार के रसायनों की दो हजार पाँच सौ बोतलें रखी गईं। इसके अलावा तरह-तरह की बैटरियाँ और टेलीफोन व टेलीग्राफ संबंधी उपकरण भी लाए गए। निचली मंजिल पर एक भाप का इंजन भी रखा गया।

लोग इस प्रयोगशाला को देखकर चौंक जाते थे और तरह-तरह के अनुमान लगाने के प्रयास करते थे कि आखिर एडिसन करना क्या चाहता है। पर एडिसन के इरादे और उसके स्वयं के बारे में अनुमान लगाना कठिन था।

13 मार्च, 1876 को एडिसन द्वारा आविष्कृत विद्युत् पेन के पेटेंट का आवेदन किया गया। इसका वास्तविक नाम ऑटोग्राफिक प्रिंटिंग था और यह दस्तावेजों की कई प्रतियाँ निकालने के लिए तैयार किया गया था। इसमें बैचलर ने एडिसन के साथ पूरा सहयोग किया था और एडिसन ने भी श्रेय बाँटने में कोई कंजूसी नहीं की थी।

इस उपकरण का सिद्धांत एडिसन ने लोगों के सम्मुख रखा और बताया कि इसमें कागज पर इस तरह छेद किए जाते हैं, ताकि इसका इस्तेमाल एक स्टेंसिल की तरह हो सके। इसके लिए सुई का प्रयोग किया जाता था और वह एक बैटरी-चालित मोटर द्वारा तेजी से चलती थी। जब यह सुई छेद कर देती थी तब इसपर रोलर द्वारा अर्द्ध तरल स्याही डाली जाती थी। इसके एक स्टेंसिल से पचास प्रतियाँ तक तैयार हो जाती थीं।

एडिसन और बैचलर ने उस समय इस मशीन का दाम 35 डॉलर रखा था और वे इसके साथ एक पुस्तिका भी देते थे, जिसमें पत्र, मूल्य सूची, परचे आदि बनाने की विधियाँ बताई गई थीं। धीरे-धीरे इस मशीन का प्रचार होता गया और यह खूब बिकती रही। यह मशीन अमेरिका ही नहीं, कनाडा में भी उपलब्ध हो गई। प्रारंभ में ही हर महीने एक सौ पचास मशीनें बिकने लगीं और एडिसन व बैचलर की अच्छी आय होने लगी।

पर एडिसन इससे संतुष्ट नहीं था। वह अगले आविष्कार में जुट गया। विद्युत् पेन के पेटेंट अधिकार पहले वेस्टर्न इलेक्ट्रिक कंपनी ने खरीदे, पर वे फिर एडिसन के पास आ गए। बाद में ये शिकागो की कंपनी ए.बी. डिक को बेच दिए गए।

उपर्युक्त विद्युत् पेन की सहायता से मनुष्य की हस्तलिपि को दोहराना संभव हो चुका था। इससे एडिसन के मस्तिष्क में एक नया विचार उमड़ा। उसने सोचा, क्यों न अब मनुष्य की आवाज को दोहराने का इंतजाम किया जाए। सन् 1876 में ही ग्राहम बेल ने दुनिया के सामने अपना आविष्कार—टेलीफोन—रख दिया था। पर इसमें अनेक खामियाँ थीं और यह अव्यावहारिक भी था। ग्राहम बेल इससे काफी निराश थे। उनकी स्थिति एक ऐसे जहाजी की थी, जो अनजान सागर के बीच खड़ा था और उसे पता ही नहीं कि किधर जाना है।

ऐसे में एडिसन ने पतवार थामी। उसने इस बोलनेवाले टेलीग्राफ पर अगले दो साल तक बैचलर के साथ मिलकर कार्य किया। सन् 1877 में उसने 188 दिन और 55 रातें इस काम में लगा दीं। बेल का टेलीफोन उसके कंपन करते डायफ्रॉम

की संवेदनशीलता पर निर्भर करता था। इसकी झिल्ली बोलनेवाले की ध्वनि तरंगों पर निर्भर करती थी। एडिसन ने इसमें दो कार्बन बटन लगाए, जिनका प्रतिरोध ध्वनि में परिवर्तन के अनुरूप बदलता था। इससे टेलीफोन में काफी सुधार आ गया।

बाद में इन कार्बन बटनों का निर्माण मेनलो पार्क के पास विकसित लघु उद्योगों में होने लगा और वेस्टर्न यूनियन इन्हें खरीदने लगी। उस समय इनको बनाने के लिए केरोसिन तेल से जलनेवाले लैंपों को रात भर जलाया जाता था और उत्पन्न कार्बन एक जगह जमा कर लिया जाता था, जिसे काटकर टेलीफोन में लगाया जाता था।

उस समय विभिन्न पदार्थों के भौतिक व रासायनिक गुणों के बारे में अत्यल्प जानकारी ही थी और इस कारण थॉमस एडिसन लगातार आजमा-आजमाकर परिणाम हासिल करने का प्रयास करता था।

टेलीफोन व अन्य ध्वनि संबंधी आविष्कारों में एडिसन की सफलता का एक राज यह भी था कि उसे बहुत कम सुनाई देता था और इस कारण वह अपने आविष्कारों को इस लायक बनाने का प्रयास करता था, ताकि वह सुन ले। जब उपकरण उसके सुनने लायक हो जाता था तो वह अपने आप आम व्यक्ति के लिए अति उपयोगी सिद्ध हो जाता था।

एडिसन प्रारंभ से ही लगातार मेहनत करता रहा था। उसके साथ काम करनेवाला बैचलर भी उतना ही परिश्रमी था। उसके साथ लगभग एक दर्जन वैसे ही परिश्रमी लोग थे। उसका भतीजा तथा एक अन्य रिश्तेदार भी उसके साथ जुड़ गए थे। इसके अलावा जॉन क्रूसे नामक एक घड़ीसाज भी उनके साथ जुड़ गया था, जो पहले स्विट्जरलैंड में घड़ी का काम करता था। बाद में उसने पेरिस में सिंगर सिलाई मशीन के कारखाने में काम किया था। ये सभी उसके साथ लंबे समय तक जुड़े रहे।

धीरे-धीरे मेनलो पार्क स्थित प्रयोगशाला विकसित होती चली गई। वहाँ पर मशीनें बगीचों की तरह सजी रहती थीं और जीवंत लगती थीं। लयबद्ध तरीके से काम होता रहता था और दूर-दूर से आनेवाले लोग काम में जुटे रहते थे।

थॉमस एडिसन स्वयं पढ़ाई के लिए कभी कॉलेज नहीं गया था। वह अपनी कार्यशाला को चलायमान रखता था और कार्यशाला उसे चलायमान रखती थी। उसके सहयोगी भी कम पढ़े-लिखे थे और प्रयोगशाला के पास ही रहते थे। बाद में एडिसन के अन्य सहयोगी भी पास में ही रहना पसंद करते थे। उनके लिए

एडिसन ने बारह कमरोंवाला दोमंजिला मकान बनवाया था। एक महिला इन सभी के लिए भोजन आदि की व्यवस्था करती थी।

धीरे-धीरे एडिसन के सहयोगी भी काम में इतने व्यस्त रहने लगे थे कि वे अपने घर भी नहीं जाते थे। इस प्रयोगशाला को देखने के लिए अकसर नामी-गिरामी लोग और पत्रकार आते रहते थे।

□

ग्रामोफोन (फोनोग्राफ)

मनुष्य हमेशा से अपनी यादों को सहेजकर रखना चाहता रहा है। उसकी यह भी इच्छा रही कि जिस प्रकार लोगों के विचार कलमबद्ध होकर लंबे समय तक यादगार बने रहते हैं उसी प्रकार ध्वनि भी इस तरह सहेजी जाए कि आवश्यकता पड़ने पर उसका आनंद भी लिया जाए और प्रेरणा भी।

इस दिशा में प्रयास पहले भी हुए थे और सन् 1837 में फ्रांस के एक आविष्कारक लेयोन स्कॉट ने सुअर के शरीर से प्राप्त एक पतली झिल्ली पर ध्वनि के कंपनों को दर्ज किया था और उसके बाद उस छवि को कागज पर उतारा था।

सन् 1863 में अमेरिका के ही फेनबी नामक आविष्कारक ने एक उपकरण का पेटेंट करवाया था, जिसकी सहायता से टेलीग्राफ में प्रयुक्त डॉट व डैश की छवि दर्ज की जा सकती थी।

सन् 1877 में जब एडिसन टेलीफोन को सुधारने की प्रक्रिया में रत था, तो उसने एक ऑटोमैटिक टेलीग्राफ बनाया था, जिसकी सहायता से उसी संदेश को अपने आप दोबारा भेजा जा सकता था। इस तरह दोहरानेवाली प्रक्रिया धीरे-धीरे विकसित होती चली गई। उन्हीं दिनों सन् 1879 में मेनलो पार्क में फ्रांसिस जेल नामक अठारह वर्षीय एक युवक नौकरी के लिए उसके पास आया। एडिसन ने उसे प्रयोगशाला सहायक के पद पर रख लिया।

उन्हीं दिनों वह जब थॉमस एडिसन से कुछ सीख रहा था तो थॉमस ने अपने प्रसिद्ध आविष्कार फोनोग्राफ के बारे में उसे बताया, जो बाद में ग्रामोफोन के नाम से प्रसिद्ध हुआ। वास्तव में टेलीफोन उपकरण में सुधार इस ग्रामोफोन का पहला चरण था।

29 नवंबर, 1877 को एडिसन ने अपने फोनोग्राफ का पहला कच्चा चित्र तैयार किया था, जिसका प्रमुख भाग एक सिलिंडर था, जिसका व्यास साढ़े तीन इंच था। प्रारंभ में कागज पर ध्वनि अंकित करने का प्रयास किया गया था, पर बाद में पतली पत्ती का प्रयोग किया गया। इस पत्ती को सिलिंडर पर लपेटा जाता था।

एडिसन एक प्रसिद्ध कविता 'मेरी हैड ए लिटिल लैंब···' गुनगुनाता रहता था और यह देखता था कि उस पत्ती पर इसका क्या प्रभाव पड़ा। इसके बाद उस पत्ती को निकालकर दूसरी जगह चढ़ाया जाता था और उस सिलिंडर को उसी गति से घुमाया जाता था तथा उत्पन्न ध्वनि को सुनने का प्रयास किया जाता था।

धीरे-धीरे सफलता दिखाई देने लगी। कविता की टूटी-फूटी नकल सुनाई देने लगी। थॉमस व उसके साथी खुशी से झूम उठे। 7 दिसंबर, 1877 को थॉमस एडिसन ने इस आविष्कार को सार्वजनिक रूप से दिखलाया। इसे देखने के लिए वैज्ञानिक पत्रिकाओं के पत्रकार ही नहीं, आम जनता भी इस कदर उमड़ पड़ी कि प्रयोगशाला की छत के धसकने की आशंका खड़ी हो गई।

अगले दिन पत्र-पत्रिकाओं में उस आविष्कार के बारे में तमाम लेख छपे। दो दिन बाद इस उपकरण को बोलनेवाली मशीन के नाम से पेटेंट कराने हेतु आवेदन किया गया। इस आवेदन में यह स्पष्ट किया गया कि यह मशीन किसी भी आवाज को दर्ज करके भविष्य में अनेक बार दोहरा सकती है।

टेलीफोन के आविष्कार को पेटेंट कराने में ग्राहम बेल एडिसन से आगे निकल गए थे; पर इस बार उनको लगा कि एडिसन उनसे आगे निकल गए हैं। ग्राहम बेल ने भी इस दिशा में कार्य किया था, पर वे आगे नहीं बढ़ पाए थे। एडिसन की इस उपलब्धि पर उन्होंने उन्हें सार्वजनिक रूप से बधाई दी।

फोनोग्राफ का पेटेंट-आवेदन अपने आप में अनोखा था। अब तक के किसी भी पेटेंट में इस उपलब्धि का अंश भी नहीं था। इस आविष्कार के आधार एडिसन को आगे अनेक आविष्कार करने का मौका मिल गया।

एडिसन आविष्कार करके और उसे पेटेंट कराकर आराम से नहीं बैठता था। वह उसमें लगातार सुधार करते रहने का प्रयास करता था। एडिसन ने इसके अनेक उपयोगों के बारे में कल्पना कर ली और उन्हें दर्ज भी कर लिया। उसने सोच लिया था कि इसका उपयोग डिक्टेशन लेने, नेत्रहीनों के लिए किताबें दर्ज करने, पढ़ाई का अभ्यास करने, बच्चों को सोते समय लोरियाँ सुनाने, महान् व्यक्तियों की अंतिम आवाजें, वचन, व्याख्यान आदि दर्ज करने में हो सकता है।

हालाँकि थॉमस एडिसन की औपचारिक शिक्षा नाम मात्र की थी, पर वह

एकदम सटीक अनुमान लगा लेता था। उसने अनुमान लगा लिया था कि उसके इस उपकरण की सहायता से दस वर्ग इंच की धातु की प्लेट पर सैंतालीस हजार शब्दों की एक पुस्तक दर्ज हो जाएगी और यह नेत्रहीनों के लिए अधिक उपयोगी सिद्ध होगी। उसने इस तकनीक के उपयोग से संगीतमय डिब्बे, बोलनेवाली गुड़िया, निश्चित समय पर निश्चित संदेश देनेवाली घड़ियाँ तैयार करना प्रारंभ कर दिया।

फोनोग्राफ अत्यंत तेजी से लोकप्रिय होता चला गया। मात्र तीस वर्ष की आयु में थॉमस अल्वा एक लोकप्रिय आविष्कारक के रूप में प्रसिद्ध हो गया। लोग अब उसे और उसके आविष्कार को देखने के लिए दूर-दूर से आने लगे थे। वे आविष्कार से भी प्रभावित होते थे और आविष्कारक से भी।

थॉमस एडिसन की लंबाई लगभग पाँच फीट आठ इंच थी। उसने कभी भी अपने शरीर पर चरबी नहीं चढ़ने दी। इस कारण उसका वजन 70 कि.ग्रा. के आस-पास ही रहा। वह कम खाता था और ज्यादा काम करता था। उसके बाल मुलायम थे, पर समय से पूर्व सफेद होते जा रहे थे। काम करते समय उसके बाल सामने ललाट पर आ जाते थे और वह उन्हें हाथ से पीछे करता रहता था, जो कभी किसी अम्ल में तो कभी किसी अन्य चीज में सने होते थे।

पर लगातार जागने व उधेड़बुन में रहने के कारण उसका चेहरा पीला लगता था और कभी-कभी लगता था कि वह बीमार है। पर उसके चेहरे पर झुर्रियाँ नहीं दिखाई देती थीं। कई बार काम करते-करते उसके चेहरे पर कालिख या अन्य रंग लग जाता था।

वह नियमित से शेविंग किया करता था। कभी-कभार ही उसकी दाढ़ी या मूँछ बढ़ी मिलती थी। वह हमेशा मुसकराता रहता था और उसके सफेद दाँत चमकते रहते थे। कई बार वह ठहाके लगाकर हँस देता था।

बातचीत के प्रारंभ में वह कम व धीरे बोलता था और शरमाता भी था; पर धीरे-धीरे खुलता चला जाता था। श्रवणहीनता के कारण उसका मुँह कुछ टेढ़ी दिशा में रहता था और वह बहुत ध्यान से सुनने की कोशिश करता था। वह हमेशा काम करने की पोशाक या मुद्रा में ही रहता था। उसे फ्रॉक जैसा कोट, बिना कॉलर की शर्ट पसंद थी और वह आभूषणों, जैसे अँगूठी, आदि से दूर रहता था।

उधर, पति की असाधारण प्रसिद्धि से अप्रभावित मेरी एडिसन गर्भवती हो गई थी। थॉमस अल्वा एडिसन उसे बिलकुल समय नहीं दे पाता था और अकसर रात को भोजन पर भी घर नहीं आता था। बालक थॉमस जूनियर अकसर बीमार रहता था, अतः उसकी देख-रेख की अधिक जरूरत होती थी। उसके साथ कोई

खेलनेवाला भी नहीं था, क्योंकि उसकी बहन मेरीयोन बड़ी थी और उसका स्वभाव सामान्य से कुछ अलग था। लोग अकसर देखते कि बेटी मेरीयोन अपने पिता के लिए एक बास्केट में खाना ले जा रही होती थी। खाने में कुछ सैंडविच, पाई व चाय होती थी। रास्ते में साँपों से भयभीत हो जाती थी, पर प्रयोगशाला पहुँचते ही वह प्रसन्न हो जाती थी और कई बार अपने पिता की जेब में हाथ डालकर पैसे निकाल लेती थी, जिससे बाद में चॉकलेट खरीद लेती थी।

अल्प आयु में ही थॉमस अल्वा एडिसन को अनेक नामों से पुकारा जाता था। कोई उसे 'प्रोफेसर' कहता था, जबकि उसे तो स्कूल की पढ़ाई भी नसीब नहीं हुई थी। कोई उसे 'जादूगर' कहता था, जबकि उसका काम तो बड़ा साफ व स्पष्ट होता था। उसे कोलंबस जैसा खोजी और आविष्कारों का नेपोलियन भी कहा जाता था।

कौतूहलवश लोग इस व्यक्तित्व से मिलने चले आते थे। पर एडिसन अकसर काम में निमग्न होता था और उसे आनेवाले की आहट सुनाई नहीं देती थी। इस कारण कई लोग उसे सपनों में खोया रहनेवाला या असामाजिक व्यक्ति भी मान बैठते थे; पर एक बार परिचय होने पर वह खुलकर प्रेमपूर्वक मिलता था। कई बार साफ सुनने के लिए वह अपने कान पर हथेली से कप-सा भी बना लेता था।

आगंतुक उससे उसके आविष्कार फोनोग्राफ के बारे में पूछते थे तो वह उस उपकरण को अपना बच्चा कहते हुए उसके बारे में बताता व समझाता था। लोग फोनोग्राफ पर 'मेरी हैड ए लिटिल लैंब' सहित अनेक कविताएँ सुनते और अभिभूत होते थे। कई बार वह उसपर बाइबल की लोकप्रिय पंक्तियाँ सुनाता था। वह तरह-तरह के चुटकुले भी सुनवाता था।

लोग उस उपकरण के व्यावसायिक इस्तेमाल के बारे में भी जानने का प्रयास करते थे। धीरे-धीरे मेनलो पार्क स्थित कार्यशालाओं से तैयार फोनोग्राफ आम लोगों को उपलब्ध होने लगे, जिनका मूल्य उस समय सौ डॉलर था। इसके अलावा सन् 1878 की क्रिसमस के अवसर पर इस तकनीक पर आधारित अनेक खिलौने व नई चीजें बाजार में उपलब्ध हो गईं।

उधर दुनिया इस अजूबे पर मुग्ध हुए जा रही थी और इधर एडिसन इसके नए मॉडल को तैयार करने में जुट गया था। वह अब बेलनाकार मॉडल के बजाय प्लेट मॉडल बनाने की तैयारी कर रहा था।

□

व्यावसायिक सफलता की तलाश

अपने पहले आविष्कार वोट रिकॉर्डिंग मशीन के व्यावसायिक रूप से असफल होने के पश्चात् एडिसन ने तय कर लिया था कि वह उन्हीं आविष्कारों को करेगा, जिनकी व्यावसायिक माँग होगी। अब वह न सिर्फ आविष्कार करता था बल्कि उन्हें उचित रूप में प्रदर्शित करता था—और व्यावसायिक सफलता हेतु आवश्यक प्रचार-प्रसार भी करता था।

अब तक किए गए आविष्कारों की प्रदर्शनी की भी उसने स्थायी व्यवस्था कर रखी थी तथा उनकी विवरणयुक्त स्मारिका भी तैयार कर रखी थी। प्रदर्शनी देखने के लिए आनेवाले हर आगंतुक को वह स्मारिका दी जाती थी।

उसके पास पत्रकार लगातार आते रहते थे। एडिसन व उसके सहयोगी उन्हें विभिन्न आविष्कारों की जानकारियाँ बड़े रोचक तरीके से देते थे। वे तरह-तरह के प्रयोग करके दिखाते थे, जिनका विस्तृत वर्णन अखबारों व पत्र-पत्रिकाओं में छपता रहता था।

इसके अलावा आविष्कारों के प्रचार-प्रसार हेतु अन्य तरह के प्रयास भी किए जाते थे। कई जगहों पर भारी भीड़ के बीच फोनोग्राफ के विविध उपयोग दिखाए जाते थे। अनेक लोकप्रिय लेखकों व संपादकों से संपर्क किया जाता था, जो लेख आदि लिखते थे। तरह-तरह के नाटक आयोजित किए जाते थे, जिनमें फोनोग्राफ के उपयोग से उत्तेजना उत्पन्न की जाती थी।

कार्टूनिस्ट भी तरह-तरह के कार्टून बनाने लगे थे, जिनमें फोनोग्राफ या उसका संकेत होता था। अनेक लोग इस बात पर पश्चात्ताप करते दिखाए जाते थे कि यह मशीन पहले क्यों नहीं बनी। यदि बनी होती तो वे अपनी माता के गीत या

पिता का व्याख्यान इसपर दर्ज कर लेते।

इस प्रकार फोनोग्राफ को आशातीत प्रसिद्धि मिल गई और इसकी जानकारी दुनिया के अन्य देशों में भी पहुँची। वैज्ञानिक समुदाय के साथ-साथ यह आम जनता को भी चकित करने लगा। एडिसन स्वयं भी इस उपकरण के प्रचार-प्रसार हेतु अमेरिका के विभिन्न शहरों, वाशिंगटन आदि में गया और उसने अनेक वैज्ञानिकों से इस संबंध में पत्राचार भी किया।

उन्हीं दिनों सन् 1875 में न्यूयॉर्क में हेलेना पेट्रोवना ब्लावाट्स्की नामक महिला ने थियोसोफिकल सोसाइटी की स्थापना की थी। इस महिला का जन्म सन् 1831 में यूक्रेन में हुआ था और उसके नाना-नानी ने उसका पालन-पोषण किया था। उसका विवाह किशोरावस्था में ही उसके पिता की आयु के व्यक्ति से हुआ था। बचपन से ही इस महिला में अद्‌भुत मानसिक शक्तियाँ थीं। वह सबकुछ छोड़-छाड़कर विभिन्न देशों में विचरण करती रही। उसने पूर्वी यूरोप, इंग्लैंड, कनाडा, दक्षिण अमेरिका, वेस्टइंडीज, श्रीलंका और भारत की यात्रा की। तिब्बत में वह तीन वर्ष तक रही और जापान, बर्मा, जावा, इटली, यूनान, मिस्र, फ्रांस की भी यात्रा की।

जुलाई 1873 में अचानक उसकी अंतरात्मा ने आदेश दिया कि वह न्यूयॉर्क जाए और वह वहाँ पहुँच गई। वह लंबी-चौड़ी महिला लगातार सिगरेट पिया करती थी, पर उसके पास पूर्व का अर्थात् हिमालय के साधुओं व महात्माओं का दिया अद्‌भुत ज्ञान था। आकर्षक कपड़े पहननेवाली इस अद्‌भुत महिला ने न्यूयॉर्क आते ही दो खंडोंवाला एक अद्‌भुत ग्रंथ लिखा, जो बारह सौ पृष्ठों का था और सन् 1877 में छपते ही बहुत तेजी से बिकने लगा। उसमें जीवों की उत्पत्ति के सिद्धांत के बारे में नई बातें लिखी थीं तथा आत्मा के गुणों पर प्रकाश डाला गया था।

उसने 'थियोसोफी' शब्द चुना था, जिसका ग्रीक में अर्थ होता है—'दैवी विवेक'। उसके विचार शीघ्र ही न्यूयॉर्क में लोकप्रिय हो गए। उधर, इस महिला को आविष्कारों के जादूगर थॉमस अल्वा एडिसन के बारे में पता चला। उसने अपनी लोकप्रिय पुस्तक की एक भेंट-प्रति तथा अपनी संस्था का सदस्यता फॉर्म एडिसन के पास भेजा।

एडिसन ने फॉर्म दस्तखत करके वापस भेज दिया और वचन दिया कि वह इस अद्‌भुत पुस्तक को पूरी गंभीरता से पढ़ेगा। दोनों के बीच संबंध बना रहा। बाद में दिसंबर 1878 में मैडम लावाट्स्की भारत के लिए रवाना हुईं। उनके सचिव ऑल्कॉट, जो एक अच्छे व बहुमुखी प्रतिभाशाली विद्वान् थे, ने सौ पौंड में फोनोग्राफ

खरीदा और अपनी थियोसोफिकल सोसाइटी के बंबई कार्यालय में रखा। इसमें उस महिला व ऑल्कॉट के व्याख्यान तथा संदेश दर्ज किए गए।

इस प्रकार एडिसन का एक आविष्कार सुदूर भारत तक पहुँचा और प्रयोग में आया। मैडम व एडिसन के बीच अनेक उतार-चढ़ावों के बावजूद संबंध बने रहे।

□

बिजली का बल्ब

प्राचीनकाल से ही मनुष्य प्रकाश का अनुभव करता आया है। उसके जीवन के लगभग सभी पहलू प्रकाश से प्रत्यक्ष या अप्रत्यक्ष रूप से प्रभावित रहे हैं। बाद में एडिसन को विद्युत् के गुणों का भी ज्ञान हुआ। उसने इसकी चमक देखी। उसे लगा, यदि यह चमक स्थायी रूप से उसके नियंत्रण में आ जाए तो उसकी दुनिया ही बदल जाएगी।

उधर, फोनोग्राफ के आविष्कार के पश्चात् लोग एडिसन की प्रवृत्ति व क्षमता दोनों से परिचित हो चुके थे। उन्होंने एडिसन को इस दिशा में बढ़ने के लिए प्रेरित करना प्रारंभ कर दिया। उन्होंने सलाह दी कि यदि एडिसन इससे संबंधित उपकरणों के निर्माण का कारोबार प्रारंभ कर ले तो उसे अपने भावी आविष्कार कार्यक्रम हेतु कभी धन की कमी नहीं होगी। ये सलाहकार स्वयं भी अपने-अपने विषयों के विशेषज्ञ थे और उनका मानना था कि विद्युत् उपकरणों का इस तरह निर्माण व व्यापार किया जाए, ताकि जनता को रोशनी, ताप व ऊर्जा मिले और उन्हें धन।

उस समय सस्ती बिजली के बड़े पैमाने पर उत्पादन का कोई उपयुक्त माध्यम नहीं था। पर तरह-तरह के उपकरण प्रयोग के तौर पर अवश्य बने थे। माइकेल फैराडे, सर हंफ्री डेवी जैसे वैज्ञानिकों ने अनेक उपकरण बना दिए थे, पर वे उतने व्यावहारिक नहीं थे।

उस समय आर्क लाइटिंग उपलब्ध थी। इसमें पेंसिल के आकार के दो इलेक्ट्रोड से थोड़ी देर के लिए रोशनी उत्पन्न की जाती थी, पर इनका घरों में उपयोग कठिन था। छोटे डायनेमो भी उपलब्ध थे, जिनकी सहायता से यांत्रिक

ऊर्जा विद्युत् ऊर्जा में परिवर्तित हो जाती थी और उनसे आठ आर्क लैंप जल जाते थे। इस व्यवस्था के लिए सर्किट ब्रेकर भी उपलब्ध था।

इन सबको देखकर एडिसन ने योजना बनाई कि वह ऐसी व्यवस्था करेगा, जिससे एक डायनेमो या विद्युत् उत्पादन संयंत्र से हजारों-लाखों लैंप जल उठेंगे। अब तक उसके पास टेलीग्राफ में उपयोग होनेवाले सर्किट तंत्र का ज्ञान उपलब्ध था।

अब उसने एक टिकाऊ फिलामेंट की तलाश प्रारंभ की। टेलीग्राफी के सर्किटों का ज्ञान काम में लाते हुए उसने करेंट को सीमित करने का सफल उपाय कर लिया। उसका प्रयास था कि एक सीमा तक करेंट में फिलामेंट में प्रयुक्त पदार्थ पिघल न जाए। इसके साथ ही अनेक तरह के प्रयोग प्रारंभ हो गए। पहले फिलामेंट तार को खुली हवा में जलाया गया और फिर उसे एक बेल-जार में जलाया गया।

इन प्रयोगों के दौरान एडिसन का उत्साह काफी बढ़ा हुआ था। उसे उम्मीद थी कि अगले कुछ सप्ताहों में उसे सफलता मिल जाएगी। न्यूयॉर्क शहर में घर-घर में उसके आविष्कृत बल्ब जगमगाएँगे तथा उन्हें एक केंद्रीय स्रोत से विद्युत् ऊर्जा मिलती रहेगी। इसके लिए प्रारंभिक दौर में बीस बल्ब जलाने हेतु व्यवस्था भी कर ली गई थी। एडिसन को यह भी उम्मीद थी कि इसी प्रकार के सर्किट से भविष्य में लोगों को ताप व ऊर्जा उपलब्ध होंगे। ये सारी सुविधाएँ अति सस्ती होंगी और उनकी लागत वर्तमान गैस आधारित व्यवस्था का मात्र 5 प्रतिशत होगी।

पर इस प्रकार के दावों से उस समय उथल-पुथल मच गई। लोगों की आकांक्षाएँ बहुत बढ़ गईं। गैस आपूर्ति करनेवाले आशंकित हो गए। पत्रकार तरह-तरह के सवाल पूछकर परेशान करने लगे। लेकिन थॉमस एडिसन अविचलित रहा। उसने लोगों को गोल-मोल जवाब ही दिए, पर पूरे आत्मविश्वास के साथ। उसने अपने भावी कार्यक्रम का विवरण नहीं बताया। पर धीरे-धीरे वह एक भावनात्मक दबाव महसूस करने लगा।

उधर पारिवारिक मोरचे पर भी एडिसन परेशान था। गर्भवती पत्नी मेरी का स्वास्थ्य ठीक नहीं था। एडिसन भी बीमार पड़ गया। लोगों द्वारा कारण पूछने पर उसने कह दिया कि वह बिजली के संपर्क में ज्यादा रहा, इस कारण उसकी आँखों से पानी आ रहा था, जिसे वह लगातार रुमाल से पोंछता रहा था। पर जल्दी ही खुशियों की घड़ी आ गई। मेरी ने एक बच्चे को जन्म दिया, जिसका वजन पर्याप्त था। एडिसन भी स्वस्थ होकर अपनी प्रयोगशाला में कार्य करने लगा।

अब प्रयोगों का सिलसिला फिर से प्रारंभ हुआ। अब उसने नए लोगों को

काम पर लगाया। इनमें से एक गणितज्ञ था। फ्रांसिस आर. अप्टॉन नामक इस परास्नातक वैज्ञानिक ने बर्लिन विश्वविद्यालय में हरमन वॉन हेल्मोट्ज के साथ भी काम किया था। हेल्मोट्ज ने लगभग बीस वर्ष तक मांसपेशियों के सिकुड़ने, नर्व में उत्पन्न होनेवाली इंपल्सों, सुनने की प्रक्रिया में उत्पन्न होनेवाले रेजोनेंस आदि पर कार्य किया था। अप्टॉन ने आते ही आर्क व इनकेंडेंसेस लैंप से संबंधित देशी-विदेशी पेटेंट साहित्य का अध्ययन प्रारंभ कर दिया। उद्देश्य यह था कि फिलामेंट का निश्चित तापमान बना रहे। यह पाया गया कि प्लेटिनम का प्रतिरोध ताँबे की अपेक्षा सात गुना अधिक होता है और यह 5,000 डिग्री सेल्सियस तक भी नहीं पिघलता है।

धीरे-धीरे वे इस निष्कर्ष पर आए कि यदि बल्ब के अंदर की हवा निकाल दी जाए तो फिलामेंट जल्दी खराब नहीं होगा और ऊर्जा का स्रोत बल्ब को निश्चित मात्रा में करेंट देता रहेगा। लैंप से निकलनेवाली रोशनी में भी एकरूपता बनी रहेगी।

थॉमस एडिसन अप्टॉन से शीघ्र ही प्रभावित हो गया। अब मेनलो पार्क स्थित प्रयोगशाला में अनुसंधान के मौलिक तरीके में काफी परिवर्तन आ गया। अप्टॉन तेजी से एडिसन का उद्देश्य व विचार ग्रहण कर लेता था। अप्टॉन भी एडिसन से प्रभावित था और देखता था कि एडिसन समय का बेहतर सदुपयोग कर लेता है और अपने सहयोगियों को प्रोत्साहित करते हुए अधिकतम काम ले लेता है। वह इस बात से भी प्रभावित था कि एडिसन एक के बाद एक विचार कार्यान्वित करता चला जाता था। वह विचारों के बीच बेहतर संतुलन कायम रखता था।

अप्टॉन व एडिसन के बीच तालमेल बढ़ता चला गया। साथ ही बल्ब पर चलनेवाले प्रयोगों की श्रृंखला भी चलती रही। दोनों उस निष्कर्ष पर पहुँचे कि बल्ब के अंदर की हवा निकाले बिना काम नहीं चलेगा, क्योंकि जब प्लेटिनम फिलामेंट गरम होता है तो गैस का आयतन बढ़ता है और इससे बल्ब के फ्यूज होने, फटने की संभावना जन्म लेती है।

अब उन्होंने बल्ब के अंदर की हवा निकाल दी और बल्ब के अंदर वायुमंडलीय दबाव का दस लाखवाँ हिस्सा ही रह गया। उन्होंने प्लेटिनम फिलामेंट पर मैग्नीशियम ऑक्साइड की परत भी चढ़ा दी, जो कुचालक होता है। उन्होंने पाया कि बल्ब से निकलनेवाली चमक बढ़ गई।

अब उन्होंने सोचा कि अधिक चमक के लिए फिलामेंट का प्रतिरोध बढ़ा देना चाहिए। इसके लिए उन्होंने बहुत पतला, पर बहुत लंबा फिलामेंट लिया और उसे स्पाइरल (सर्पिल) बनाया। इस प्रकार फिलामेंट का स्वरूप व उच्च गलनांक

निर्धारित हो गया।

जल्दी ही एडिसन ने एक जेनरेटर से एक श्रृंखला में अठारह लैंप जोड़कर जलाए। हर लैंप से निकलनेवाला प्रकाश सोलह मोमबत्तियों के प्रकाश से अधिक था। साथ ही धुएँ व अन्य समस्याओं का नामोनिशान तक नहीं था।

इधर ये लोग बल्ब का विकास करने में जुटे थे, उधर अन्य लोग इनका तरह-तरह से मजाक बना रहे थे। कुछ लोग इन महान् वैज्ञानिकों एडिसन, बैचलर, अप्टॉन आदि को अनिद्रा के शिकार का समूह बताते थे। पर जब एडिसन ने अपनी प्रयोगशाला में बल्ब जलाकर दिखाया तो लोग दंग रह गए।

अभी तक जो प्रयोग हो रहे थे वे प्लेटिनम फिलामेंट पर हो रहे थे। यह धातु दुर्लभ है और इस कारण अत्यंत महँगी होती है। एडिसन को लगा कि यदि इस आविष्कार का बड़े पैमाने पर उपयोग करना है तो इसका विकल्प तलाशना ही होगा।

अब तक एडिसन ने टेलीफोन में कार्बन बटनों का बहुतायत से इस्तेमाल किया था। उसे लगा कि यदि कार्बन से फिलामेंट तैयार हो जाए तो कितना अच्छा हो। इससे पूर्व वह कार्बनाइज्ड कागज तैयार करने का प्रयास कर चुका था। उसने अब अपने साथियों के साथ अनेक पदार्थों, जैसे—सेलुलॉइड, नारियल की जटा, मछली के शरीर का भाग, कपास को गरम कोलतार में भिगोकर फिलामेंट तैयार करने का प्रयास प्रारंभ किया। बाद में कपास के धागे पर काफी कार्य किया गया।

जब पहली बार एडिसन ने धागे के फिलामेंट से रोशनी उत्पन्न करके दिखलाई तो वह साढ़े तेरह घंटे तक जलता रहा और उससे निकलनेवाली रोशनी तीस मोमबत्तियों के बराबर थी।

अगले प्रयास में घोड़े के खुर के आकार का फिलामेंट तैयार किया गया, जो सौ घंटे तक जलता रहा। इस अनुसंधान में बड़े पैमाने पर धन खर्च हुआ था और इसके वित्तीय निवेशक बेचैन हो रहे थे। उन्हें संतुष्ट करने के लिए फ्रांसिस अप्टॉन के घर तथा एडिसन की प्रयोगशाला में क्रिसमस के अवसर पर नए बल्बों की सहायता से रोशनी की गई।

इसके साथ ही बल्ब आदि तैयार करने हेतु कारखाने लगाने की तैयारी प्रारंभ हो गई। लोग बल्बों को जलते देखने के लिए दूर-दूर से आने लगे। आनेवालों की संख्या इस कदर बढ़ गई कि उनके लिए विशेष रेलगाड़ी चलानी पड़ी। थॉमस एडिसन की प्रयोगशाला एक दर्शनीय स्थल बन गई। भीड़ की धक्का-मुक्की से

प्रयोगशाला के कई महँगे उपकरण गिरकर टूट गए।

इधर दुनिया चमक-दमक देख रही थी, पर एडिसन की पत्नी अपने पति की शक्ल देखने को भी तरस रही थी। लोग एडिसन के बल्ब को अलादीन का चिराग कह रहे थे और कवि उसपर कविताएँ रच रहे थे; पर घर में एडिसन पत्नी आँसू बहा रही थी।

□

विद्युत् उद्योग

थॉमस अल्वा एडिसन प्रयोगशाला में बल्ब की चमक से संतुष्ट नहीं हुआ। वह इसे लोगों तक पहुँचाना चाहता था। पर अभी तक के आविष्कारकों का अनुभव अलग था। इनका मानना था कि आविष्कार करना अलग चीज है और बड़े पैमाने पर उत्पादन अलग। लोगों ने देखा था कि फोटोग्राफी, भाप के इंजन से चलनेवाली नौका तथा टेलीग्राफ के व्यावसायिक उत्पादन में आनेवाली कठिनाइयाँ बहुत अधिक थीं।

एडिसन ने इस चुनौती को भी स्वीकार किया और प्रारंभिक दौर में छह सौ बल्ब तैयार करने की योजना प्रारंभ की। इसके लिए उसने एक पुराने कारखाने की इमारत को लिया और इसमें एडिसन इलेक्ट्रिक लैंप कंपनी की स्थापना की। उसने उत्पादन प्रारंभ करने से पूर्व बाजार का सर्वे भी कराया और गैस के प्रयोग से रोशनी पानेवालों की जरूरतों का इस तरह आकलन किया, ताकि उसके द्वारा उत्पादित विद्युत् व्यवस्था का मूल्य निर्धारित किया जा सके। इसके अलावा बल्बों के औसत दैनिक इस्तेमाल का भी आकलन किया गया।

प्रारंभ में न्यूयॉर्क के अमीर व प्रसिद्ध लोगों के घरों, बैंकों, अखबारों के कार्यालयों में विद्युत् व्यवस्था चालू करने का निर्णय लिया गया। साथ ही विद्युत् ऊर्जा के स्रोत को और समृद्ध करने का प्रयास किया गया।

इसके साथ-साथ एडिसन ने अपनी व अपने काम की छवि सुधारने के भी गंभीर प्रयास प्रारंभ किए। जब उसे एक स्वतंत्र लेखक जॉन मिशेल का पत्र मिला, जो पहले 'न्यूयॉर्क टाइम्स' तथा 'पॉपुलर साइंस मंथली' के लिए लिखता रहा था तो उसने उसे बुलाया और बात की। मिशेल ने पहले फोनोग्राफ पर एक लेख लिखा

था और अब वह बल्ब पर लिखना चाह रहा था।

मिशेल ने प्रस्ताव किया कि एक वैज्ञानिक पत्रिका निकाली जाए, जिसका प्रकाशक एडिसन हो और संपादक मिशेल। इस तरह अमेरिकी जनता का ध्यान वैज्ञानिक गतिविधियों की ओर आकर्षित किया जा सकता है। उसका मानना था कि साहित्य व कला के प्रयोग से जनता में विज्ञान व आविष्कारों के प्रति रुचि जगाई जा सकती है। उस समय अन्य विषयों के लिए अनेक प्रकार के सूचना माध्यम थे, पर विज्ञान के लिए समर्पित कोई साप्ताहिक पत्र नहीं था।

एडिसन ने यह प्रस्ताव तत्काल मान लिया और मिशेल को प्रयोग के आधार पर एक वर्ष के लिए नियुक्त किया गया। उसे तीस डॉलर प्रति सप्ताह वेतन तथा काम करने के लिए एक कमरा व सहायक प्रदान किया गया। एडिसन ने यह तय किया कि प्रारंभ में वह पत्रिका के सारे खर्च उठाएगा, पर बाद में इससे मामूली लाभ कमाना होगा। इस तरह एक वैज्ञानिक पत्रिका के प्रकाशन की शुरुआत हुई और यह एक शताब्दी से अधिक समय तक चलती रही।

मिशेल ने इस पत्रिका के माध्यम से अनुसंधानकर्ताओं का आह्वान किया कि वे अपने अनुसंधान के परिणामों को इस पत्रिका में दर्ज कराएँ। विशेष बात यह थी कि थॉमस एडिसन इस पत्रिका का प्रकाशक था, पर उसका नाम कहीं नहीं छपता था। लेकिन एडिसन उस पत्रिका के संपादकीय सहित सारे प्रूफ पढ़ता था। इसकी अनुमति के बाद ही पत्रिका छपने हेतु जा पाती थी। इसका पहला अंक 3 जुलाई, 1880 को निकला, जिसमें यह लिखा था कि एडिसन को पूरी उम्मीद है कि बिजली का एक शक्ति के रूप में व्यावसायिक उपयोग जल्दी ही बड़े पैमाने पर होने लगेगा।

एडिसन ने मेनलो पार्क में आधे मील की रेल लाइन बिछाई थी, जिस पर, विद्युत् चालित रेलगाड़ी चलाने हेतु लगातार प्रयास हो रहे थे। प्रारंभ में 32 से 48 किलोमीटर प्रति घंटे तक की गति प्राप्त हो चुकी थी।

उस पत्रिका के जरिए एडिसन द्वारा किए जा रहे प्रयोगों को सनसनीखेज तरीकों से प्रस्तुत किया जा रहा था। एक अंक में लिखा गया कि यह अफवाह है कि एडिसन ने बिजली के बल्ब बनाने की परियोजना बंद कर दी है। एडिसन जल्दी ही इस क्षेत्र में प्राप्त सफलता को सार्वजनिक करेंगे।

पर एडिसन जल्दी ही अपने प्रयोगों में बुरी तरह फँस गया और आर्थिक तंगी का शिकार हो गया। उसके पास पत्रिका का खर्च उठाने लायक संसाधन नहीं रहे और उसने मिशेल से कह दिया कि वह दूसरा इंतजाम कर ले। पर तब तक अलेक्जेंडर ग्राहम बेल उस पत्रिका से प्रभावित हो चुके थे। उन्होंने पत्रिका को

सहारा देना प्रारंभ कर दिया।

उन दिनों बिजली के बल्ब में लोगों का विश्वास उत्पन्न करना एक बहुत बड़ी चुनौती था। एडिसन को इसके लिए अनेक प्रकार के प्रयास करने पड़े। अनेक समाचार-पत्रों के संपादक इस दिशा में आगे आए और उन्होंने सरलतम तरीकों से इस विषय की जानकारी जनता को दी। उन दिनों बाँस के तंतुओं से फिलामेंट तैयार किया जा रहा था और उसे नौ सौ घंटों तक जलाया जा चुका था। एडिसन के सहयोगी चीन व जापान की खाक छान रहे थे और बेहतर गुणवत्तावाले बाँस ढूँढ़ रहे थे। इन लोगों का स्वागत इन देशों के जाने-माने व प्रभावशाली लोग कर रहे थे। जब एडिसन के सहयोगी मूर याकोहामा पहुँचे तो उनसे जापान के प्रधानमंत्री व विदेश मंत्री स्वयं मिले और क्योटो बाँस के बारे में चर्चा हुई। दरअसल, सभी लोग चाहते थे कि बल्ब का निर्माण जल्दी-से-जल्दी हो।

मूर को उन इलाकों की भी जानकारी दी गई, जहाँ पर इस प्रकार के बाँस उपलब्ध होते थे। ये बाँस आठ-दस वर्ष पुराने होते थे और इनका अंदरूनी भाग लचीला व चिपचिपा होता था। इनका उपयोग सदियों से धनुषों, पंखों आदि के लिए होता रहा है।

एडिसन ने अपने सहयोगियों को सुझाव प्रेषित किया कि बाँस के बीच के भागों से फिलामेंट काटकर भेजे जाएँ, जो जमीन से कम-से-कम एक गज ऊपर हों। इन्हें 14 से 16 इंच लंबाई के टुकड़ों में काटा जाए। साथ ही एक-एक सेंटीमीटर चौड़ाईवाले टुकड़ों के बंडल बनाए जाएँ और हर बंडल में सौ टुकड़े हों।

एडिसन हर संभव प्रयास कर रहा था कि उसके बिजली के बल्बों की विश्वसनीयता अधिकतम हो। हालाँकि तत्कालीन समय में उसका इस क्षेत्र में कोई प्रतिस्पर्धी नहीं था, फिर भी औद्योगिक क्रांति के बाद बढ़ती माँग व उपभोक्तावाद के मद्‌देनज़र वह अपने आविष्कार में पूर्णता चाहता था।

इधर इंग्लैंड में बिजली का बल्ब तैयार कर लिया गया था। आविष्कर्ता जोसेफ विल्सन स्वान एडिसन से लगभग बीस वर्ष बड़ा था तथा एडिसन की ही तरह बचपन में जिज्ञासु व शरारती रहा था। उसे विज्ञान में विशेष रुचि थी और चौदह वर्ष की आयु में ही वह एक स्थानीय केमिस्ट की दुकान में अप्रेंटिस के रूप में नौकरी करने लगा था।

एडिसन के बल्ब के क्षेत्र में कार्य प्रारंभ करने के एक वर्ष पूर्व ही सन् 1877 में स्वान ने इस दिशा में काफी सफलता प्राप्त कर ली थी और बल्ब से हवा निकालकर कार्बन फिलामेंट से रोशनी उत्पन्न कर दी थी। उसने अपना यह आविष्कार एडिसन

के आविष्कार से आठ महीने पूर्व ही न्यूकासल में प्रदर्शित कर दिया था। जब एडिसन के आविष्कार का समाचार आया तो स्वान उसपर हँसा था। उसने एक पुस्तकालय, चित्र-दीर्घा तथा एक उद्योगपति के भोजन-कक्ष में बल्ब स्थापित भी कर दिए थे।

स्वान ने इस संबंध में एडिसन को एक लंबा पत्र लिखा, जिसमें एडिसन को प्रथम आविष्कारक मानने के संबंध में चुनौती दी गई थी। इधर एक फ्रेंच पत्रिका में 'प्रथम कौन' विषय पर बहस भी छिड़ गई। संपादक ने लिखा कि हो सकता है कि स्वान का बल्ब पहले तैयार हुआ हो; पर बेहतर कौन है, यह नहीं कहा जा सकता है। इधर एडिसन का हौसला भी बरकरार था, वह मान रहा था कि पहले किसने बनाया, यह विषय नहीं है। विषय यह है कि किसका सस्ता व टिकाऊ साबित होगा। उधर स्वान के पास न तो पैसा था और न ही धैर्य, क्षमता आदि।

अत: एडिसन ने अपनी रणनीति बना ली। जब इंग्लैंड में पेटेंट अधिकारों में दखल का मुकदमा प्रारंभ हुआ तो एडिसन की कंपनी के वकीलों ने स्वान की कंपनी के वकीलों को लंबे समय तक अदालत में लड़ने के बजाय सुलह करने की सलाह दी। उन्होंने दोनों की कंपनियों के विलय का प्रस्ताव रखा, जिसे स्वीकार करते हुए एडीस्वान कंपनी का गठन किया गया। इसके साथ ही इस कंपनी का पूरे ब्रिटिश बाजार पर एकाधिकार हो गया।

एडिसन को भी झगड़ा करना मंजूर नहीं था। वह विवाद पैदा होते ही उसके समाधान की ओर आगे बढ़ जाता था। इसी तरह का एक विवाद एडिसन की टेलीफोन कंपनी का अन्य कंपनी के साथ हुआ, पर उसे भी निपटा लिया गया। जब एडिसन की टेलीफोन कंपनी का व्यापार इंग्लैंड में चला तो वहाँ के राजतंत्र के साथ भी विवाद प्रारंभ हुआ, पर उसे भी निपटा लिया गया।

उन्हीं दिनों पेरिस में विद्युत् उपकरणों की अंतरराष्ट्रीय प्रदर्शनी लगाई गई, जहाँ पर लगभग पचास तरह के बल्ब दरशाए गए थे। व्यवसाय-कुशल एडिसन ने यहाँ पर प्रदर्शनी स्थल का सर्वोत्तम भाग अपने प्रदर्शन हेतु चुन लिया था।

इस प्रदर्शनी में फ्रांस के राष्ट्रपति अपनी पत्नी समेत पधारे थे। एडिसन ने इस अवसर पर अपना प्रदर्शन-कक्ष बड़ी खूबसूरती से सजाया था। बाद के काल में एडिसन को इसका बड़ा लाभ मिला। जनसंपर्क बढ़ाने के लिए एडिसन ने एक प्रसिद्ध लेखक की सेवाएँ लीं, जो प्रदर्शनी के दौरान एडिसन के कार्यों पर लगातार लिखता रहा।

प्रदर्शनी के तत्काल बाद एडिसन ने दो बड़ी कंपनियाँ स्थापित कीं, जिनका मुख्यालय पेरिस में था।

□

बड़ा औद्योगिक साम्राज्य

धीरे-धीरे एडिसन का औद्योगिक साम्राज्य बढ़ता चला गया। बिजली से प्रकाश करने का काम ऑस्ट्रिया, बेल्जियम, डेनमार्क, फ्रांस, जर्मनी, हंगरी, इटली, रूस, स्पेन आदि में फैलता गया। जगह-जगह पर डायनेमो स्थापित करने की व्यवस्था की जाने लगी। बिजली पहुँचाने के लिए भूमिगत केबलें बिछाई जाने लगीं। विद्युत् ऊर्जा को मापने के लिए मीटर भी तैयार कर लिये गए।

अब दुनिया भर की नगरपालिकाएँ एडिसन की कंपनी को पूरा ठेका देने लगीं। परिणामस्वरूप एडिसन के पास बड़ी मात्रा में धन एकत्र होने लगा और बड़ी संख्या में लोग उसकी विभिन्न कंपनियों में काम करने लगे।

एडिसन का दैनिक कार्यक्रम भी अत्यंत व्यस्त होता गया। बड़े-बड़े उद्योगपति उससे मिलने आते थे और अपने बँगलों के विद्युतीकरण का काम सौंप देते थे। एडिसन जगह-जगह पर चल रहे काम का मुआयना करने जाता था और कई बार स्वयं भी काम में जुट जाता था। दिन में कुछ पलों के विश्राम के बाद वह पत्रों के उत्तर देने में जुट जाता था। रात्रि के भोजन के बाद वह सिगार के कश लगाता था और अपने लोगों से प्रतिदिन के काम का ब्योरा लेता था।

इधर उसकी पत्नी अपने बच्चों के साथ प्रारंभिक दिनों में होटल में अस्थायी रूप से रहती थी। उन दिनों उसकी बड़ी बेटी मेरियोन नौ वर्ष की थी और बड़ा बेटा टॉम छह वर्ष का। सबसे छोटा विल मात्र चार वर्ष का ही था।

बेटी पास में ही अंग्रेजी, फ्रेंच, चित्रकला, संगीत, नृत्य आदि सीखने जाती थी; पर उसकी अपने पिता से कभी भेंट नहीं हो पाती थी। बाद में एडिसन परिवार एक चारमंजिले बँगले में रहने लगे। एडिसन की बढ़ती व्यस्तता का परिवार पर

विपरीत प्रभाव पड़ रहा था। मेरियोन व टॉम की पढ़ाई में बाधा आ रही थी और उनके स्कूल बदलने पड़ रहे थे। और तो और, एडिसन का पारिवारिक डॉक्टर भी परेशान था और लगातार कह रहा था कि श्रीमती एडिसन भावनात्मक उपेक्षा का शिकार होती जा रही हैं। वह नर्वस हो रही हैं और ऐसा लग रहा है कि वह कभी ठीक नहीं हो पाएँगी।

जिस चिकित्सक ने श्रीमती एडिसन की विस्तृत जाँच की, जाँच के बाद उसने पूरी किताब ही लिख डाली, जिसमें बढ़ते औद्योगिकीकरण, व्यस्तता, भाग-दौड़ के कारण स्वास्थ्य, परिवार आदि पर पड़नेवाले कुप्रभावों पर प्रकाश डाला गया था। उसमें बताया गया था कि नई जीवन-शैली के कारण पुरुष व स्त्री शराब का ज्यादा सेवन करने लगेंगे और तापमान के उतार-चढ़ाव के प्रभाव को सहन करने की उनकी क्षमता कम होती जाएगी। उनके अंदर तरह-तरह की चिंताएँ घर करने लगेंगी और मस्तिष्क के अनावश्यक दौड़ने से उनके शरीर पर भी विपरीत प्रभाव पड़ने लगेगा।

अंतत: चिकित्सकों ने एडिसन को सलाह दी कि मेरी के रोग की गंभीरता को समझते हुए उसे कुछ महीनों के लिए यूरोप ले जाया जाए, जहाँ वह आराम करे। आस-पास के नए परिवेश का उसपर अच्छा प्रभाव पड़ेगा। एडिसन ने अपने शुभचिंतकों को आश्वासन दिया कि वह मेरी को घुमाने ले जाएगा; पर वह नहीं ले जा पाया। उसने मेरी और बच्चों को साउथ कैरोलीना व फ्लोरिडा भेज दिया और खुद यहीं रह गया।

वह एक ऐसे औद्योगिक जहाज का कैप्टन था, जो अपने जहाज को एक पल के लिए भी नहीं छोड़ना चाहता था। वह जिला स्तर के विद्युतीकरण कार्यक्रम का कार्यान्वयन करने में जुट गया। वह अपनी केबलों को आगे ले जाने के अनेक तरीकों को विकसित करता गया। कहीं पर वह गैस या पानी के पाइपों की तरह जमीन के नीचे से उन्हें ले जाता था तो कहीं पर वह उन्हें खंभे पर ले जाता था। वह उन्हें विभिन्न वायुमंडलीय प्रभावों, स्पार्कों, ताप आदि से बचाने के उपाय आदि भी करता था।

जिला स्तर के पहले विद्युतीकरण कार्यक्रम में हर बल्ब के साथ एक सर्किट ब्रेकर भी था और एक फ्यूज तार भी, जो अत्यधिक करेंट के प्रवाह के समय पिघल जाता था। उसने अलग तरीके के मीटर भी तैयार कर लिये थे। ये मीटर इलेक्ट्रोलिसिस प्रक्रिया पर आधारित थे। करेंट के प्रवाह के अनुपात में प्लेट पर जिंक की परत जमती थी, जिसे महीने के अंत में नाप लिया जाता था।

उस समय एडिसन के बिजली के बल्ब एक डॉलर कीमत के होते थे, पर पहले जिले के विद्युतीकरण कार्यक्रम में एडिसन ने एक दर्जन बल्ब मुफ्त दिए। अब बल्बों का आकार भी बेहतर हो चला था और वे सॉकेट में आसानी से लग जाते थे।

पारिवारिक मोरचे पर असफल एडिसन लोगों को खुशियाँ बाँट रहा था। लोग अब पुरानी गैस लाइटों को दुष्टात्मा कहते थे और नए बिजली के बल्ब को अच्छा। गैस के लैंप बनानेवाले अपना कारोबार समेटने में जुट गए। गैस का प्रयोग कम होने से गैस लाइनों से गैस लीक होती रहती थी और अकसर जल उठती थी। उधर लोग इसके कारण उत्पन्न समस्याओं से परेशान होकर इसपर प्रतिबंध लगाने की बात करने लगे थे।

सन् 1882 की गरमियों में एडिसन ने पहला जिला स्तर का विद्युत् संयंत्र प्रारंभ किया। उस दिन शाम को 7 बजे उस क्षेत्र में स्थित 'न्यूयॉर्क टाइम्स' के दफ्तर में जब सारे बल्ब जले तो दिन जैसा नजारा था। उसी दिन पास के सिटी हॉल में एक रैली थी, जिसमें पाँच हजार जौहरी, राजमिस्त्री, मशीनकर्मी, बढ़ई, छापाखाना कर्मचारी आदि भाग ले रहे थे। उनका कहना था कि नए माहौल में परंपरागत कारीगर कम वेतन पा रहे हैं और अकुशल तथा नए कामगारों की पूछ ज्यादा है।

उधर एडिसन अपने कर्मचारियों का खयाल रखता था और उन्हें अच्छा वेतन देता था। उसके कर्मचारी योग्यतानुसार डेढ़ डॉलर से पाँच डॉलर प्रतिदिन तक पाते थे।

एडिसन के कार्यों का सीधा प्रभाव पर्यावरण पर पड़ रहा था। उसकी बिजली को उस समय लोग प्रदूषण-मुक्त प्रकाश कह रहे थे, क्योंकि इससे कोई लौ-लपट, धुआँ आदि नहीं निकलता था। धीरे-धीरे अमेरिका में दो सौ स्थानों पर विद्युत् व्यवस्था स्थापित हो गई और घरों, दुकानों, होटलों, कारखानों, पानी के जहाजों में बल्ब जगमगाने लगे। उस समय का अनुमान था कि रोजाना पैंतालीस हजार नए बल्ब जलते हैं। अपने बढ़ते कारोबार की जरूरतों को पूरा करने के लिए एडिसन ने अपनी कंपनी के शेयर बेचे, जो हाथोहाथ खरीद लिये गए। धीरे-धीरे एडिसन ने यूरोप में विभिन्न कंपनियों को प्रौद्योगिकी हस्तांतरित करना प्रारंभ कर दिया। शीघ्र ही एडिसन के आविष्कारों के आधार पर बर्लिन, मैनचेस्टर, पेरिस, एम्सटर्डम, म्यूनिख, रोम व अन्य शहरों में एक सौ अट्ठावन उत्पादन प्लांट चालू हो गए। ये प्लांट 'एडिसन प्लांट' के नाम से मशहूर हो गए और इनका तेजी से विस्तार होता चला गया। विशेष बात यह थी कि उनका पूरा इंतजाम इतना सुव्यवस्थित

था कि इनमें कभी कोई दुर्घटना नहीं हुई।

एडिसन द्वारा तैयार प्रकाश-तंत्र उस समय बारह सौ डॉलर में बिकता था और उसमें एक ऊर्जा-स्रोत तथा साठ लैंप सॉकेट सहित होते थे। एडिसन के जो साथी उसके साथ शुरू से लगे थे वे अब विदेशों में व्यापार के प्रभारी हो गए। चार्ल्स बैचलर यूरोप का प्रभारी हो गया। एडिसन के कर्मचारियों व प्रभारियों की तादाद हर जगह तेजी से बढ़ती चली गई। उस समय के प्रतिभावान् लोग एडिसन के साथ काम करने में गौरव महसूस करते थे। उस समय के चोटी के उद्योगपति, जैसे जे.पी. मॉर्गन आदि, भी एडिसन के साथ तालमेल करने के लिए लालायित रहते थे। जो भी एडिसन के साथ जुड़ता था, मालामाल हो जाता था।

पर बाहरी चमक-दमक के पीछे एक दुःख भरा सत्य भी था। एडिसन का परिवार बुरी तरह अकेलापन महसूस कर रहा था। अपने काम-काज से बचा समय एडिसन महान् साहित्यकारों की रचनाएँ पढ़ने में लगाता था। उसे इस बात की चिंता नहीं थी कि उसकी पत्नी का स्वास्थ्य तेजी से गिरता जा रहा है।

सन् 1883 के अंत में मेरी का स्वास्थ्य इतना गिर गया था कि डॉक्टर ने उसे घरेलू काम की जिम्मेदारी लेने से मना कर दिया। मेरी के बहन-बहनोई आदि अब उसके पास आ गए थे। बहनोई को एडिसन ने अपने बल्ब कारखाने में नौकरी भी दे दी थी। ये सभी लोग मेरी की देखभाल करते थे।

मेरी को कुछ राहत मिली, पर फिर उसकी हालत बिगड़ती ही चली गई। लगातार अकेलेपन व उदासी से उसे मानसिक रोग भी हो गया। उसे लगता था कि उसका सिर फटा जा रहा है और उसका गला भी बहुत दुखता था।

उधर एडिसन की व्यस्तता बढ़ती जा रही थी और अब वह विद्युत् रासायनिक प्रयोगों में जुट गया था। उसके प्रयोगों के कारण प्रयोगशाला के अन्य लोग भी परेशान थे और लेड एसिड बैटरियों में डाले जानेवाले गंधक के तेजाब की दुर्गंध 3 वर्ग मील तक फैल जाती थी। प्रयोगों के दौरान टेस्ट ट्यूब के चटखने से गंधक के तेजाब का धुआँ दूर-दूर तक छिटकता था और कई बार एडिसन और उसके सहायक जल भी जाते थे।

इधर एडिसन रात में प्रयोग कर रहा था और उधर शनिवार 9 अगस्त को रात 2 बजे मेरी एडिसन ने तड़प-तड़पकर दम तोड़ दिया। उस समय वह मात्र उनतीस वर्ष की थी। बच्चे रो रहे थे। उस समय उन्हें अपने पिता की बहुत आवश्यकता थी। अगले दिन उस इलाके में बड़ा भूकंप आया, जिसने पूरे इलाके को झकझोर दिया। शायद ईश्वर भी एडिसन की इस असंवेदनशीलता से रुष्ट था।

एडिसन को तार भेजा गया। मंगलवार को मेरी को दफनाया गया। इस अवसर पर थॉमस व मेरी दोनों के परिजन वहाँ उपस्थित थे। बाद में मेरी के कॉफीन को विशेष स्थल पर ले जाया गया, जहाँ पर शहर के बड़े लोगों की कब्रें होती हैं।

उस समय थॉमस के बच्चे छोटे-छोटे थे। उसकी बड़ी बेटी मेरियोन, जिसको एडिसन 'डॉट' कहकर पुकारता था, मात्र बारह वर्ष की थी। अब बच्चों के लिए एडिसन ने नया मकान किराए पर ले लिया था।

उधर थॉमस एडिसन की प्रगति जारी रही। बड़ी बेटी को अब अपने पिता के साथ रहने और काम में हाथ बँटाने में आनंद आता था। वह पिता की पसंद का सिगार भी खरीदकर लाती थी और कई बार जो बात थॉमस ठीक से सुन-समझ नहीं पाता था उसे वह समझकर बताती थी।

□

मीना से विवाह

पत्नी मेरी का वियोग भी एडिसन को अपने आविष्कार के कार्यों से अलग नहीं कर सका। उसके प्रयोग भी बढ़ते गए और कारोबार भी। इसी बीच उसे उसका पुराना साथी एजरा गिलिलैंड मिल गया। दोनों ने गृहयुद्ध के दौरान टेलीग्राफ के दफ्तर में साथ-साथ काम किया था। अब दोनों ने मिलकर नया कारोबार प्रारंभ किया, जिससे एक अन्य धनवान् व्यक्ति लेविस मिलर भी जुड़ गया।

एक बार लेविस अपनी उन्नीस वर्षीया पुत्री मीना के साथ एक अवसर पर एडिसन से मिला। मीना ने उन्हीं दिनों स्कूली शिक्षा पूरी की थी। वह गाना गाने व पियानो बजाने में भी प्रवीण थी। उसकी झील-सी गहरी आँखों व मुलायम त्वचा ने एडिसन को पहली ही नजर में घायल कर दिया। उधर मीना ने एडिसन के आविष्कारों के बारे में पहले से ही सुन रखा था।

एडिसन मीना के प्रेम में पागल हो गया। इस बात को उसकी बेटी मेरियोन ने भी समझ लिया। थोड़ी हिचकिचाहट के पश्चात् थॉमस एडिसन ने अपने मित्र व साझीदार लेविस मिलर, जो स्वयं आविष्कारक भी था, को पत्र द्वारा अपनी इच्छा बता दी। उसने लिखा कि आपकी पुत्री के सौंदर्य, प्रखर मस्तिष्क, हाव-भाव आदि ने मेरा दिल जीत लिया है। मैं उससे विवाह करना चाहता हूँ और इसके लिए आपकी अनुमति की आवश्यकता है। मेरा जीवन इतना खुला है कि इसके बारे में ज्यादा बताने के लिए मेरे पास कुछ है नहीं।

यह प्रस्तावित विवाह लोगों के बीच चर्चा का विषय बन गया। बहुत से लोगों को एडिसन व मीना की उम्र का बड़ा फासला खटकने लगा। किसी ने कहा कि मीना अभी बच्ची है। एडिसन को किसी परिपक्व महिला से विवाह करना चाहिए।

पर अंततः लेविस मिलर ने इजाजत दे ही दी। विवाह की तैयारियाँ प्रारंभ हो गईं। इस बार एडिसन ज्यादा नर्वस था। उसे लग रहा था कि वह विवाह करानेवाले पादरी के निर्देश सुन पाएगा या नहीं। उसे याद आ रहा था कि अनेक लोगों ने उसे श्रवण यंत्र का आविष्कार करने के लिए पत्र लिखे थे। उसे यह काम पहले ही कर लेना चाहिए था। आज स्वयं उसे इसकी अत्यंत आवश्यकता थी। नर्वस एडिसन अपनी नोट-बुकों में मीना का पूरा नाम लिखे जा रहा था। अब उसे प्रयोगशाला के प्रयोग याद नहीं थे।

20 फरवरी दिन शनिवार को एडिसन की शादी के उपलक्ष्य में अग्रिम दावत हुई, जिसमें उसके अंतरंग मित्र ही शामिल थे। इसके साथ ही शादी का माहौल गरमाता रहा और दूल्हा बना एडिसन घोड़ा-बग्घी पर 24 फरवरी को अपनी दुलहन के दरवाजे पर पहुँचा। उसके साथ अस्सी बाराती थे। बारात का जोरदार स्वागत किया गया। आमतौर पर मैले-कुचैले कपड़े पहने रहनेवाले एडिसन ने आज राजकुमारों जैसा कोट तथा काली टाई पहन रखी थी।

उधर दुलहन मीना ने सफेद रेशमी गाउन पहन रखा था, जिसमें कढ़ाई का अच्छा काम किया गया था। उसके गले में मोतियों की माला थी तथा अन्य अंगों पर हीरे के आभूषण थे। विवाह कक्ष भी सुंदर व सुरुचिपूर्ण ढंग से सजाया गया था। एडिसन की ओर से उसके पिता सैमुअल, बहन मेरियोन, भाई विलियम व अन्य रिश्तेदार थे। बीच-बीच में बधाई के तार आ रहे थे, जो जोर से पढ़कर सुनाए जा रहे थे। लोगों को बैठाकर भोजन कराया गया था और फिर बेयरों ने सभी को प्लेट में मोहक केक परोसा। विवाह के पश्चात् एडिसन ने सुहागरात होटल के कमरे में बिताई। अगले दिन सभी बाराती रेलगाड़ी से अपने शहर रवाना हुए।

पर विवाह की खुशियाँ अधिक दिनों तक नहीं टिकी रह सकीं और पारिवारिक तनाव बढ़ने लगा। अभी तक एडिसन की बड़ी बेटी मेरियोन अपने पिता की बहुत करीबी रही थी। एडिसन उसे 'डॉट' कहकर दुलारता था, अब नई-नवेली दुलहन मीना को इससे जलन होती थी।

इधर एडिसन के भाग्य में रोमांटिक हनीमून नहीं लिखा था। जब उसकी पहली शादी हुई थी तब भी वह एक प्रयोग में उलझा हुआ था, इस बार भी कुछ ऐसा ही हुआ। पर एडिसन मीना को अपनी नई प्रयोगशाला के उद्घाटन के अवसर पर अवश्य ले गया। उन दोनों ने इस अवसर पर कुछ प्रयोग एक साथ ही किए।

उधर, एडिसन के बच्चे भी अकेलापन महसूस कर रहे थे। वे अपनी सौतेली माँ के साथ घुल-मिल नहीं पा रहे थे। बेटा टॉम जूनियर दस वर्ष का था

और उसे अपनी माँ मेरी की बहुत याद आती थी। एडिसन ने मीना को समझाया कि वह इन बच्चों, विशेष रूप से मेरियोन, का विशेष ध्यान रखे और यह महसूस न होने दे कि उनकी माँ नहीं है।

लगभग दो महीने के अंदर मीना अपनी सारी जिम्मेदारियों को समझ गई थी। उसे महसूस हो गया था कि उसका पति दुनिया का जीवन आसान करने में जुटा है और इसलिए उसे अपने पति का जीवन आसान करना है। वह रोज शाम को तैयार हो जाती थी कि शायद एडिसन समय से घर आ जाए; पर उसे शाम अकसर अकेले ही बितानी पड़ती थी।

स्वयं को व्यस्त रखने के लिए वह घरेलू कार्यों में व्यस्त रहती थी। उधर एडिसन का काम-काज बढ़ता ही जा रहा था। इसी बीच एडिसन उद्योग में पहली बार कामगारों ने हड़ताल कर दी। उधर उपभोक्ता एडिसन से अपनी आशाएँ बढ़ाते चले जा रहे थे। फैक्टरियों पर कार्यभार बढ़ता चला जा रहा था।

मजदूरों ने लंबी-चौड़ी माँगें पेश कर दी थीं। वे नित्य नौ घंटे ही काम करना चाहते थे, पर वेतन दस घंटे का चाहते थे। वे ओवरटाइम का दुगुना वेतन चाहते थे और ठेके पर बाहर काम देने का विरोध कर रहे थे। वे यह भी चाहते थे कि एक आदमी एक ही मशीन पर काम करें।

मजदूर यह भी जानते थे कि एडिसन की कंपनियाँ इसलिए मालामाल हो रही थीं, क्योंकि वे सस्ते भाव में (25 प्रतिशत कम दर पर) काम करके दे रही थीं। इन्हें यह भी पता था कि उस कंपनी की मशीनों को वे ही ठीक रख सकते थे। उधर ग्राहकों में हड़कंप मच गया था। उन्हें लग रहा था कि यदि हड़ताल लंबी चली तो बिजली से हाथ धोना पड़ेगा।

एडिस्वान कंपनी के प्रबंधक बैचलर के विचार अलग ही थे। उनका मानना था कि हम न्यूयॉर्क शहर में सबसे ज्यादा वेतन दे रहे हैं। उनके अनुसार कामगार का हर मशीन पर काम करना उसी के हित में है और दोहरानेवाला काम ठेके पर दिया ही जाना चाहिए। यह सस्ता पड़ता है।

अब आविष्कारक एडिसन को यूनियनों से कड़ा मुकाबला करना पड़ रहा था। उसने एक रास्ता निकाला और कह दिया कि वह अपने उद्योग को न्यूयॉर्क से बाहर किसी दूर स्थान पर ले जाएगा, ताकि इन हड़तालियों से पीछा छूटे। उसे उम्मीद थी कि उसे ऐसा स्थान मिल जाएगा जहाँ जमीन व मजदूर सस्ते होंगे और वह इलाका रेल लाइन से भी जुड़ा होगा।

यह खबर सुनते ही एडिसन के पास प्रस्तावों की झड़ी लग गई और अनेक

खाली भूखंडों व इमारतों के विक्रेता लाइन लगाकर आ गए। लोगों को यह उम्मीद थी कि एडिसन आएगा तो बिजली भी आएगी।

एडिसन फैसला करने में देर नहीं लगाता था। उसने अपना कारोबार नए स्थान पर ले जाने का काम प्रारंभ कर दिया। पर इस ऊहापोह के मध्य मीना मिलर व एडिसन का वैवाहिक जीवन वैसा ही हो गया जैसा मेरी और एडिसन का था।

□

नई-नई परियोजनाएँ

इसी बीच एडिसन ने नया कार्य प्रारंभ किया। इरादा यह था कि चलती रेलगाड़ी से टेलीग्राफ सुविधा स्थापित की जाए, ताकि व्यक्ति अपने आने की सूचना अपने घर या दफ्तर को दे दे और उसकी कार उसे लेने के लिए आ जाए। इसके अन्य उपयोग भी थे। संवाददाता अपनी रिपोर्ट पहले ही संपादक को भेज सकते हैं। अपराधी की सूचना रेलवे स्टेशन को दी जा सकती है। एडिसन का यह भी इरादा था कि बाद में पानी के जहाज में भी यह सुविधा स्थापित कर दी जाए।

एडिसन ने उपर्युक्त परियोजना पर काम प्रारंभ कर दिया। इसी बीच उसके पास एक सुझाव आया कि उसके फोनोग्राफ में इस प्रकार सुधार किया जाए, ताकि वह और उपयोगी हो जाए। इस फोनोग्राफ की पेटेंट अवधि भी पूरी हो रही थी और यदि इसे बहूपयोगी न बनाया गया तो यह हाथ से निकल जाएगा। उधर ग्राहम बेल की दृष्टि भी इस उपकरण पर थी। उसने ग्रामोफोन के नाम से इस उपकरण का परिष्कृत रूप तैयार भी कर लिया था।

एडिसन चाहता था कि यह फोनोग्राफ हाथ से नहीं, बल्कि बिजली से चले और इसकी गति एक जैसी हो। इसमें ज्यादा-से-ज्यादा गाने या सूचनाएँ दर्ज हो जाएँ।

दिसंबर 1886 में एडिसन इस दिशा में नए सिरे से जुट गया। इसी बीच नई प्रयोगशाला के लिए जगह भी तय हो गई और एडिसन ने जमीन खरीदने के कागजातों पर भी दस्तखत कर दिए। पर काम के भारी दबाव के कारण वह बुरी तरह बीमार पड़ गया और बिस्तर पर पड़े रहने के लिए मजबूर हो गया।

स्वास्थ्य-लाभ के लिए एडिसन को परिवार सहित कुछ दिनों के लिए

फ्लोरिडा जाना पड़ा। इस दौरान वह थोड़ा आराम कर सका। उसने उस ग्रामीण इलाके के लोगों से खुलकर बातें कीं और मछली पकड़ने का आनंद लिया। धीरे-धीरे उसके चेहरे पर चमक वापस लौट आई।

जब वह लौटकर आया तो उसके शुभचिंतकों ने उसे तरह-तरह की सलाहें दीं। उन सभी के मूल में विश्राम का आग्रह था। एडिसन अब इन सलाहों से चिढ़ने लगा था। उसने कह दिया कि विश्राम तो मैं करता हूँ। मैं एक साथ छह-सात विचारों पर काम करता हूँ। जब एक में थक जाता हूँ तो दूसरा प्रारंभ कर देता हूँ। इससे मुझे स्वत: विश्राम मिल जाता है और नए सिरे से आनंद आने लगता है।

लोग चौंकते कि इस तरह तो व्यक्ति भ्रमित हो जाता है; पर एडिसन का मानना था कि इससे तो लक्ष्य और स्पष्ट हो जाता है। एक विचार के कार्यान्वयन के दौरान अगला विचार उत्पन्न होता है और इस तरह ही व्यक्ति एक बड़े लक्ष्य की ओर बढ़ पाता है।

एडिसन अब अपने विचारों को दार्शनिक तरीके से प्रस्तुत करने लगा था। उसका कहना था कि इलेक्ट्रीशियन आमतौर पर अँधेरे में काम करते हैं। जब बिजली चली जाती है तो वे टटोल-टटोलकर खराबी का कोई सुराग ढूँढ़ते हैं। वे हर सुराग को आजमाते हैं। उनमें से जो उपयोगी लगता है, उसे आगे बढ़ाते हैं और अंत में प्रकाश पा लेते हैं। इस पूरी प्रक्रिया में किस्मत भी काम आती है। वास्तव में इलेक्ट्रीशियन खोज करते हैं, आविष्कार नहीं।

इसी बीच नई प्रयोगशाला के लिए ली गई जमीन पर इमारत बनाने हेतु नक्शा तैयार होने लगा। एडिसन का काफी समय इसे अंतिम रूप देने में लग गया। पर एडिसन के जीवन में कठिनाइयाँ कभी कम नहीं हुईं। उसके बाएँ कान में गंभीर समस्या उत्पन्न हो गई। डॉक्टरों ने कहा कि तत्काल ऑपरेशन करना पड़ेगा। उस समय पत्नी मीना गर्भवती थी। अब एडिसन को अपना काम दूसरों को सौंपना पड़ा। वैसे भी, उसका काम जिस तेजी से बढ़ रहा था, एक-न-एक दिन तो उसे इन कामों का बँटवारा करना ही था।

उसने नए भवन की जिम्मेदारी आर्किटेक्ट हेनरी हडसन हॉली को सौंप दी। नई प्रयोगशाला की मुख्य इमारत तीन मंजिला बननी थी और हर मंजिल 250 फीट लंबी और 50 फीट चौड़ी थी। इस भवन में बॉयलर, भाप के इंजन, डायनेमो, मशीन, शॉप आदि की व्यवस्था का प्रावधान था, जिसमें पचास लोग एक साथ काम कर सकते थे।

इस मुख्य इमारत के साथ चार छोटी इमारतें भी थीं, जिनका आकार 100 ×

25 फीट था और ये मुख्य इमारत के साथ समकोण पर थीं। इन सभी में अलग-अलग प्रकार की गतिविधियाँ, जैसे—लैंप टेस्टिंग, रासायनिक प्रयोग, लकड़ी का काम, धातु कर्म आदि होना था।

इस प्रकार वेस्ट ऑरेंज स्थित यह नई प्रयोगशाला मेनलो पार्क स्थित प्रयोगशाला से आकार में दस गुना बड़ी थी। यह उस समय की सबसे बड़ी और सबसे अधिक सुविधा-संपन्न प्रयोगशाला थी। इसमें हर प्रकार के आविष्कार करने की व्यवस्था थी और इस कारण आविष्कार की लागत के न्यूनतम होने की संभावना थी। यहाँ पर आविष्कारों को व्यावसायिक रूप देने का भी प्रावधान था।

एडिसन का उद्देश्य था कि वह तेजी से और कम कीमत पर ज्यादा-से-ज्यादा आविष्कार करे तथा दुनिया को बेहतरीन उपकरण तैयार करके दे। एडिसन अपने लक्ष्य के प्रति इस कदर समर्पित था कि जब उसे पता चला कि आर्किटेक्ट इमारत के निर्माण में उत्कृष्ट सामग्री नहीं लगा रहा है तथा गुणवत्ता का खयाल नहीं रख रहा है तो उसने उसे निकाल दिया और शेष काम अपने पुराने विश्वासपात्र बैचलर की देख-रेख में ही करवाया।

जल्दी ही प्रयोगशाला के विभिन्न भागों में अलग-अलग किस्म के कार्य प्रारंभ हो गए। एक जगह फोनोग्राफ को छोटा रूप दिया जा रहा था, ताकि उसे एक गुड़िया में समाया जा सके और लोगों को बोलनेवाली गुड़िया मिल सके।

थॉमस एडिसन व अलेक्जेंडर ग्राहम बेल समकालीन थे। दोनों ही महान् वैज्ञानिक थे। थॉमस अल्वा एडिसन स्वयं आंशिक बधिर थे, जबकि ग्राहम बेल की माता बधिर थीं और बाद में ग्राहम बेल ने भी बधिर लड़की से शादी की। ग्राहम बेल बधिरों के लिए उपकरण बना रहें थे और बन गया टेलीफोन। ग्राहम बेल द्वारा आविष्कृत टेलीफोन का सुधार कर व्यावसायिक रूप दिया थॉमस अल्वा एडिसन ने। उधर एडिसन ने फोनोग्राफ का आविष्कार किया, पर उसमें तमाम सुधार करके बाजार पर कब्जा करने का प्रयास ग्राहम बेल ने किया।

इस प्रकार तमाम समानताओं के बावजूद दोनों महान् वैज्ञानिकों के बीच कड़ी प्रतिस्पर्धा विकसित हो गई। दोनों के मध्य सुलह-सफाई के प्रयास भी हुए, पर एडिसन इसके लिए राजी नहीं हुआ। उसने चुनौती दी कि बाजार में दोनों मशीनों को आने दो। चार्ल्स डारविन के सिद्धांत के अनुसार जो मशीन बेहतर होगी, वह चलेगी और दूसरी पिट जाएगी।

जब एडिसन के इंग्लैंड स्थित प्रतिनिधि ने एडिसन से बात किए बिना बेल के प्रतिनिधियों से समझौता कर लिया और दोनों के समन्वित रूप को ग्रामोफोन के

बाजार में उतारने का फैसला किया तो एडिसन बहुत नाराज हुआ। उसने ग्राहम बेल को नकलची बताते हुए कहा कि वह बहुत बढ़िया मशीन बाजार में उतारेगा और वह भी बड़े पैमाने पर। इतना ही नहीं, इन्हें वह फैक्टरी की लागत पर बेचेगा।

और एडिसन ने ऐसा ही किया। एडिसन फोनोग्राफ कंपनी ने बारह लाख डॉलर लगाकर बड़े पैमाने पर फोनोग्राफ तैयार किए, जो एक ही कवच के अंदर थे। उसने यह भी कह दिया कि वह इनसे मुनाफा नहीं कमाएगा। उसने इन उपकरणों को बेचने के काम में अपने ही एक पुराने साथी एजरा गिलिलैंड को लगाया तथा उससे कहा कि वह 15 प्रतिशत मुनाफा ले। नई मशीनों में अनेक नई सुविधाएँ थीं।

□

धोखा खाया

ज्यों-ज्यों मनुष्य के पास पैसा आता जाता है, उसकी नीयत बदलती जाती है। औद्योगिक साम्राज्यों में ऐसा बहुत ज्यादा होता है। एडिसन भी इससे अछूता नहीं रहा। एडिसन के साथी अब तक की प्रगति से मालामाल हो रहे थे। उनकी बाजार व समाज में प्रतिष्ठा भी बढ़ रही थी। एडिसन उन्हें ज्यादा अधिकार भी दे रहा था और उनपर भरोसा भी ज्यादा कर रहा था।

सन् 1888 में जब एडिसन के फोनोग्राफ ने बाजार में धूम मचा रखी थी तो लिपिनकोट नामक एक व्यवसायी की दृष्टि इस व्यवसाय पर पड़ी। यह व्यवसायी गृहयुद्ध के समय परचून की दुकान चलाता था, पर बाद में वह बरतनों जैसे गिलास आदि का बड़ा निर्माता बन गया।

उसने ग्रामोफोन उत्पादन का लाइसेंस लेने की पेशकश की और इसके लिए एजरा गिलिलैंड से संपर्क किया। साथ ही वह एडिसन के वकील टॉमलीनसन से भी मिला। इन लोगों ने कई बैठकें करके अंत में यह तय किया कि फोनोग्राफ के निर्माण-अधिकार पाँच लाख डॉलर प्रारंभिक कीमत में लिपिनकोट की कंपनी को बेच दिए जाएँगे और भविष्य में एडिसन को 5 प्रतिशत रॉयल्टी मिलती रहेगी। फोनोग्राफ में आगे के सुधार लिपिनकोट खुद ही करा लेगा। यह तर्क दिया गया कि इससे एडिसन अपना शेष ध्यान व समय नए आविष्कारों पर लगा सकेगा।

एडिसन के लिए भी यह सौदा अनाकर्षक नहीं था। अब तक उसे स्टॉक टिकट मशीन से मात्र पाँच सौ डॉलर, इलेक्ट्रिक पेन से पंद्रह हजार डॉलर की प्राप्ति हुई। टेलीफोन में सुधार से सत्रह वर्षों में मात्र छह हजार डॉलर रॉयल्टी मिली थी। एडिसन को जब यह जानकारी मिली तो उसने कोई प्रतिक्रिया व्यक्त

नहीं की; पर लिपिनकोट उधर ग्राहम बेल की कंपनी से भी बात कर रहा था। उसका इरादा दोनों के एकाधिकार को खरीदना था, ताकि बाजार में उसका कोई प्रतिद्वंद्वी न रहे। बेल के प्रतिनिधियों को यह पसंद नहीं आया। उन्होंने इसकी शर्तों में सुधार करने के लिए कहा।

उधर गिलिलैंड व टॉमलीनसन ने फोनोग्राफ के वितरण के फ्रैंचाइजी के रूप में अधिकार लिपिनकोट से माँग लिये। इसका लाभ उठाते हुए लिपिनकोट ने कहा कि वह किस्तों में भुगतान करेगा।

एडिसन को यह एहसास हो गया कि कहीं कुछ गड़बड़ है। भाँड़ा फूटने पर वह आगबबूला हो उठा। उसे इस बात पर ज्यादा क्रोध आ रहा था कि उसके पुराने सहयोगी ने उसके साथ धोखा किया। उसने गिलिलैंड व टॉमलीनसन के खिलाफ धोखाधड़ी का मुकदमा कर दिया, जो अगले बीस वर्षों तक चलता रहा; पर इसी बीच गिलिलैंड व टॉमलीनसन जहाज पकड़कर यूरोप भागने में सफल हो गए।

उपर्युक्त घटना तो एक शुरुआत मात्र थी। ज्यों-ज्यों एडिसन की प्रसिद्धि बढ़ती गई त्यों-त्यों उसके सहयोगी ज्यादा अपेक्षा रखने लगे और उनमें से कुछ ने गलत तरीके भी अपनाने आरंभ कर दिए। हालाँकि एडिसन उन्हें प्रसन्न रखने का पूरा प्रयास करता था। वह उन्हें वेतन के बजाय मुनाफे का हिस्सा देने लगा था। वह चाहता था कि आविष्कार का श्रेय सिर्फ उसे मिले और मुनाफे में भागीदारी उसके सभी सहयोगियों की हो। पर फिर भी उसके एक सहयोगी जॉनसन के साथ उसका तीखा वाद-विवाद हुआ, जो सार्वजनिक रूप से उभरकर सामने आया।

एडिसन इससे काफी परेशान भी रहा। उसे लग रहा था कि जो युवक उसके साथ प्रारंभ से काम कर रहे थे, वे अब चालीस-पैंतालीस की आयु में आकर बदले जा रहे हैं।

एडिसन की अन्य कई आदतों से भी व्यवसाय को नुकसान हो रहा था। वह अकसर अपरिपक्व आविष्कार ही बाजार में उतार देता था। इससे उसके सहयोगियों को भी परेशानी होती थी और उसके निवेशकों को भी। चूँकि एडिसन का नाम चमक गया था, अत: ज्यों ही उसका आविष्कार प्रकाशित होता, माँग खड़ी हो जाती थी, पर आपूर्ति में विलंब होता था। उसके निवेशकों को मुनाफा कमाने की जल्दी होती थी और फिर वे दु:खी हो जाते थे।

पर इन सब उथल-पुथलों के बीच भी एडिसन अपने फोनोग्राफ को आगे बढ़ाने में लगा रहा और उसे विश्वास था कि उसकी तकनीकी क्षमता के आगे कोई

और नहीं टिक पाएगा तथा उसका द्वितीय पीढ़ी का फोनोग्राफ श्रेष्ठतम साबित होगा। उसने तरह-तरह के पदार्थों का प्रयोग किया, ताकि आवाज का बेहतर पुनरुत्पादन हो सके।

आखिर एक दिन घोषणा कर दी कि उसने नई पीढ़ी के लिए संशोधित एवं परिवर्द्धित फोनोग्राफ तैयार कर लिया है, पर अब अपने काम के तरीके के खुलेपन को उसने समाप्त कर दिया। उसे अब डर लगने लगा कि लोग उसकी जासूसी करने लगे हैं और नकल करने के चक्कर में रहते हैं। पहले वह हर आने-जानेवालों से मिलता था, पर अब उसने अपने सचिवों व सहायकों को निर्देश दिया कि मिलनेवालों को दूर रखने का प्रयास किया जाए।

उसकी नई प्रयोगशाला बहुत बड़ी थी। एडिसन से मिलने आनेवाले को लंबी दूरी तक चलकर आना पड़ता था। उन्हें काफी इंतजार भी करना पड़ता था। प्रयोगशाला में आने के रास्ते में तमाम सामग्री व कबाड़ देखने को मिलता था। साफ-सफाई का भी अधिक ध्यान नहीं रखा जाता था। बाद में एडिसन ने कालीन भी हटवा दिए थे, क्योंकि उसे लगता था कि ये गैर-जरूरी हैं और इनमें कीटाणु पलते हैं।

जो लोग एडिसन से मिलते थे वे देखते थे कि यह वैज्ञानिक भूरे रंग के प्रयोगशाला गाउन में लंबे समय से काम कर रहा होगा। उसके गाउन पर नए-पुराने धब्बे भी होते थे और टाई टेढ़ी-मेढ़ी होती थी। ऐसा लगता था कि कई रातों से वह सोया नहीं है, पर जब वह हाथ मिलाता था तो ऐसा लगता था कि उसका हाथ चुस्त-दुरुस्त है।

तमाम उलझनों व परेशानियों के बावजूद एडिसन विविध प्रकार के कामों में लगा रहा। वह न सिर्फ आविष्कार करता था वरन् आविष्कारों के आधार पर बड़े पैमाने पर उत्पादन भी करता था। वह विशुद्ध विज्ञान व एप्लाइड अर्थात् अनुप्रयुक्त विज्ञान का अद्‌भुत तालमेल करके उपभोक्ताओं को उपयोगी चीजें देता था।

इन सबके लिए उसे हर समय धन की आवश्यकता होती थी। इसके लिए वह अनेक तरीके अपनाता था। वह दूसरे लोगों, जो स्वतंत्र रूप से आविष्कार या व्यवसाय कर रहे होते थे, को अपनी सुविधाओं का इस्तेमाल करने देता था और इसके लिए उचित शुल्क लेता था। वह दूसरी कंपनियों का टेलीग्राफी, टेलीफोनी, इलेक्ट्रिक पेन संबंधी कार्य ठेके पर ले लेता था और इस तरह धन की व्यवस्था करता था।

उस समय जितनी भी प्रौद्योगिकियाँ थीं उनको परिष्कृत करने का काम भी

वह ठेके पर ले लेता था। इसके एवज में वह निर्धारित पारिश्रमिक का हिस्सा लेता था।

एडिसन ने अपने कामगारों व विकसित सुविधाओं के अधिकतम उपयोग की एक लंबी योजना तैयार कर रखी थी। वह कृत्रिम रेशम, समुद्र के नीचे बिछाई जानेवाली केबल, इलेक्ट्रोटाइपिंग, पीतल के अच्छे महीन तार, शुद्धतम ताँबा, मैग्नेटो रेल रोड तंत्र आदि तैयार करना चाहता था।

उसका इरादा था कि उसकी वेस्ट ऑरेंज स्थित प्रयोगशाला में हर प्रकार का अनुसंधान हो और अमेरिका ही नहीं, पूरे विश्व में विद्युत् उद्योग का नक्शा ही बदल जाए। इसके अलावा वह चुंबकीय शक्ति के इस्तेमाल से अयस्क अलग करने की विधियाँ और स्टोरेज बैटरियाँ आदि भी विकसित करना चाहता था।

उसके सहयोगी भी उसे नए-नए काम प्रारंभ करने और उन्हें आगे बढ़ाने के लिए प्रेरित कर रहे थे। चार्ल्स बैचलर दो पुत्रियों का पिता था और वह बोलनेवाली गुड़िया के बड़े पैमाने पर उत्पादन पर जोर दे रहा था। उधर अमेरिकी जनता की मानसिकता व जरूरतें भी बदल रही थीं। पहले अमेरिकी बच्चे पुराने कपड़ों व कतरनों से बनी गुड़ियों से खेलते थे; पर गृहयुद्ध के बाद आई समृद्धि के पश्चात् अब बच्चे साफ-सुथरी आकर्षक गुड़ियों से खेलने लगे थे। भौतिकता के बढ़ने का प्रभाव बच्चों के रहन-सहन व खेल-खिलौनों पर भी पड़ रहा था।

एडिसन को लगा कि इस क्षेत्र में अच्छी संभावनाएँ हैं। उस समय लोग एक गुड़िया के लिए पाँच डॉलर से तीस डॉलर तक खर्च कर रहे थे और बच्चे सुंदर, गोरी-चिट्टी, लाल होंठोंवाली, आकर्षक वस्त्र पहने हुए गुड़ियों से खेलना पसंद करते थे। जो दुकानदार गुड़ियों का व्यवसाय कर रहे थे वे मालामाल हो रहे थे।

एडिसन ने बच्चों, विशेष रूप से लड़कियों, के मनोविज्ञान पर भी चिंतन किया और पाया कि लड़कियाँ गुड़ियों को अपना आदर्श मानकर खेलती हैं। उसने यह भी देखा कि गुड़ियों के अंदर का स्थान खाली है तथा उसमें फोनोग्राफ का छोटा रूप समोया जा सकता है।

इसके साथ ही एडिसन ने उस समय फोनोग्राफ परियोजना में कार्य कर रहे आधे लोगों, स्थान व पूँजी को इस नई परियोजना में लगा दिया। उसका इरादा पाँच सौ गुड़िया प्रतिदिन तैयार करना था। उसने एक बड़ी दीवार पर अलमारियाँ तैयार कीं, जिसमें गुड़ियों को रखा गया। एक युवती छोटे-छोटे फोनोग्राफों में विभिन्न लोकप्रिय कविताएँ जैसे 'मेरी हैड ए लिटिल लैंब', 'जैक एंड जिल' भरती चली जाती थी। इसके बाद इन गुड़ियों को आकर्षक डिब्बों में पैक किया जाता था।

दो-दो फीट लंबी ये गुड़ियाँ टिन की बनी होती थीं और इनकी बड़ी-बड़ी आँखें खूबसूरत होती थीं। इनके हाथ-पैरों के जोड़ चल थे और ये नवीनतम फैशन के कपड़े पहनती थीं। तरह-तरह के जूते, शॉल, हैट पहने इन गुड़ियों पर देखनेवालों का दिल मचल जाता था।

शीघ्र ही एडिसन के पास अग्रिम ऑर्डरों की झड़ी लग गई। उसने जल्दी ही बेल्जियम स्थित एटीवर्प में पंद्रह हजार वर्ग फीट वाली जगह में एक बड़ा कारखाना लगा लिया। बाजार में इन बोलनेवाली गुड़ियों की माँग तेजी से बढ़ने लगी। पर दुर्भाग्य से उसे भारी हानि उठानी पड़ी। कमजोर पैकिंग के कारण आवागमन के दौरान लगे झटकों को ये नाजुक गुड़ियाँ नहीं झेल पाईं और इनके अंदर का फोनोग्राफ तंत्र बिगड़ गया। सौ में से निन्यानबे गुड़ियाँ गूँगी हो गईं। नुकसान इतना ज्यादा था कि एडिसन को सन् 1890 में सारा कारोबार ही बंद करना पड़ा। वैज्ञानिक पत्रिकाओं ने भी इस उत्साहपूर्ण परियोजना पर गहरी निराशा जताई।

घरेलू मोरचे पर भी एडिसन को संघर्ष का सामना करना पड़ रहा था। पत्नी मीना गर्भवती थी। फोनोग्राफ के आविष्कार एवं उसके प्रयोगों की खबरें निराशाजनक थीं। उलझनों से ग्रस्त एडिसन कई-कई दिन घर नहीं जा पाता था। मीना के पिता लेविस को काफी चिंता थी और वे जोर डाल रहे थे कि अब एडिसन को रात में काम नहीं करना चाहिए। उसने अपनी बेटी को सलाह दी कि वह एडिसन को हर प्रकार से आकर्षित करे और काम में डूबने से रोके।

इधर एडिसन के अन्य बच्चे भी अकेलेपन से जूझ रहे थे। प्यार के भूखे ये बच्चे अपने पिता की उपेक्षा के शिकार हो रहे थे। मीना की इच्छा थी कि वह अपने घर को सजा-सँवारकर रखे, ताकि एडिसन उसका आनंद उठाए। पर एडिसन काम को ही धर्म मानकर उसी में जुटा हुआ था। उसके मन में विचार-पर-विचार आते रहते थे और वह उनके कार्यान्वयन में जुटा रहता था।

प्रगति के दौर में अनेक प्रतिभावान् लोग एडिसन के साथ जुड़े। इनमें से एक निकोला टेस्ला था, जो सन् 1882 में बैचलर के माध्यम से एडिसन की टीम में शामिल हुआ। वह बड़ा ही होशियार था और उसने जल्दी ही एडिसन की अंतरंग मंडली में स्थान बना लिया।

पर सन् 1888 में उसने एडिसन का साथ छोड़ दिया और अपनी अलग कंपनी स्थापित कर ली थी। उसने बहु फेज मोटर व ट्रांसफॉर्मर तैयार करने की विधियाँ विकसित कर लीं। इससे एडिसन के कारोबार पर सीधी चोट पड़ी। एडिसन के विद्युत् तंत्र डायरेक्ट करेंट पर आधारित थे, जबकि प्रतिस्पर्धी अल्टरनेटिंग

करेंट का प्रयोग कर रहा था।

अब एडिसन ने अपना ज्यादा समय जन-संपर्क माध्यमों में लगाना प्रारंभ किया और लोगों को बताया कि अल्टरनेटिंग करंट पर आधारित तंत्र खतरनाक हैं और उसके तंत्र सुरक्षित हैं। इसके लिए उसने अपनी प्रयोगशाला में मीडिया के लोगों को आमंत्रित किया और प्रयोग करके दोनों प्रकार के तंत्रों के प्रभाव दिखलाए। उधर टेस्ला को वेस्टिंग हाउस कंपनी ने अपना सलाहकार नियुक्त कर लिया था और वह कंपनी बड़े पैमाने पर ए.सी. विद्युत् तंत्र तैयार कर रही थी। एडिसन ने इस कंपनी के काम को सार्वजनिक अपराध करार देने की चेष्टा की। उसने विधायकों व नगर पार्षदों को भी समझाने का प्रयास किया कि वे उच्च वोल्टेज पर चलनेवाले तंत्रों पर सुरक्षा कारणों से प्रतिबंध लगाएँ।

पर फिर भी वेस्टिंग हाउस कंपनी का कारोबार बढ़ता रहा और लगभग ग्यारह सौ नए पावर प्लांट चल पड़े; पर अंततः इससे एडिसन के कारोबार पर अधिक असर नहीं पड़ा। एडिसन अगस्त 1889 में मीना को लेकर पेरिस गया, जहाँ पर फ्रांसीसी क्रांति की शताब्दी मनाई जा रही थी। इस अवसर पर एक विशाल प्रदर्शनी का भी आयोजन किया जा रहा था, जिसमें एडिसन के उत्पादों का एक बहुत बड़ा स्टॉल भी लगाया गया था।

पर इसके लिए एडिसन को जहाज की लंबी यात्रा नहीं भाई। उसे जहाज में दिया जानेवाला नाश्ता पसंद नहीं था। उसे कंबल लपेटे घंटों डेक पर बैठे रहना पड़ता था। वह देखता था कि समुद्री लहरें उठती हैं और जहाज से टकराकर विलुप्त हो जाती हैं। उसे लगता था कि इतनी सारी ऊर्जा यों ही नष्ट हो जाती है। कितना अच्छा हो, यदि नियाग्रा जलप्रपात तथा हवा में मौजूद ऊर्जा का संगम किया जाए।

पर पेरिस पहुँचकर एडिसन को बड़ा आनंद आया। उसने देखा कि उसके बल्ब और फोनोग्राफ लोगों को आकर्षित कर रहे थे और वहाँ भारी भीड़ जुटी हुई थी। एक महीने की इस प्रदर्शनी में लगभग नब्बे हजार लोग फोनोग्राफ पर ध्वनि व गाना सुनने आए।

इस प्रदर्शनी में एडिसन को काफी सम्मान मिला। फ्रेंच इंजीनियरों की सोसाइटी ने एडिसन के सम्मान में शानदार भोज दिया। पत्रकारों ने भी उससे अनेक प्रकार के सवाल पूछे। उसने अपने काम के बारे में पूरी रोचकता के साथ लोगों को बताया। पर साथ ही वह यह नहीं भी बोल गया कि यहाँ के लोग तो बड़े आलसी हैं। पता नहीं ये लोग कब काम करते हैं और क्या काम करते हैं।

मीना अपने पति का साथ लगातार निभाती रही। वह अपनी सवा साल की बच्ची को भी याद करती रही जिसे छोड़कर यात्रा पर आई थी, वह एक-एक दिन गिनती रही और सोचती रही कि उसकी बच्ची अकेले कैसी होगी।

एडिसन की बड़ी बेटी मेरियोन सोलह वर्ष की हो चली थी और एक हॉस्टल में रहती थी। उसकी पढ़ाई भी अच्छी नहीं चल रही थी। वह विद्रोही स्वभाव की होती जा रही थी।

□

सिनेमा का जन्म

उन दिनों कैमरा काफी विकसित हो चुका था। उसे और विकसित करने हेतु तरह-तरह के प्रयोग चल रहे थे। अनेक लोग फोटोग्राफी को अपना व्यवसाय बना चुके थे। माइब्रिज नामक एक अनुसंधानकर्ता ने चलचित्र बनाने का प्रयास किया था, जिसके जरिए विभिन्न गतिविधियों का सूक्ष्म अध्ययन संभव हो गया था। पर उसने अपने काम का पेटेंट प्राप्त नहीं किया और दूसरे अनुसंधानों में जुट गया।

सन् 1888 की सर्दियों में माइब्रिज एडिसन की वेस्ट ऑरेंज स्थित प्रयोगशाला में आया। दोनों में लंबी बातचीत हुई और निर्णय किया कि क्यों न दृश्य अर्थात् दिखाई देनेवाली घटनाओं और श्रव्य अर्थात् सुनाई देनेवाले शब्दों को एक साथ दर्ज किया जाए।

एडिसन ने अपने एक विश्वासपात्र सहयोगी डिक्सन को इस काम में लगाया। एडिसन ने इस विषय पर पेटेंट हेतु केवियेट भी दाखिल कर दिया। प्रारंभ में इस उपकरण का नाम 'काइनेटोस्कोप' रखा गया था।

चित्र चलते हुए दिखाई दें, इसके लिए उसने प्रति सेकंड छियालीस चित्र खींचने का प्रावधान किया। इस प्रकार उसकी रील में प्रति घंटे 1 लाख 65 हजार 6 सौ तसवीरें आती थीं। अपने इस नए प्रयास को मनोरंजन का साधन बनाने की धुन में एडिसन ने एक ओर चित्रों की लड़ी घुमानी आरंभ की तो दूसरी ओर फोनोग्राफ।

एडिसन को फोनोग्राफ में अब तक अपेक्षित सफलता नहीं मिल पाई थी और उसे अपने एक सहयोगी के विश्वासघात का भी सामना करना पड़ा था। अतः अब वह नई दिशा में तेजी से प्रयास करना चाह रहा था, पर साथ ही फूँक-फूँककर

कदम रख रहा था। अब तक उसके नवीन आविष्कार का समाचार प्रसारित हो चुका था और निवेशक निवेश करने के लिए आगे बढ़ रहे थे। सभी देखना चाहते थे कि चलचित्र में लोग कैसे चलेंगे, हवा में वृक्ष की डालियाँ लहराएँगी, चिड़ियाँ उड़ेंगी।

शिकागो में जब बड़ा विश्व मेला लगा तो पहली बार इस सिनेमा, जो उस समय काइनेटोस्कोप के नाम से जाना जाता था, को पहली बार सार्वजनिक रूप से प्रदर्शित किया गया। उस कार्यक्रम में मीना एडिसन उपस्थित थी और उसके साथ राष्ट्रीय महिला क्लब की एक सौ सैंतालीस महिला सहयोगी भी थीं। पर इस आविष्कार का श्रेय भी विवादों के घेरे में आ गया।

घरेलू मोरचे पर भी एडिसन की फिल्म पिट रही थी। उसकी बेटी मेरियोन रोम चली गई थी तथा पैसे मँगाने के अतिरिक्त और कोई बात अपने पत्रों में नहीं लिखती थी। सन् 1890 में मेरियोन बुरी तरह से चेचक की चपेट में आ गई थी, पर उसे अपने घर-परिवार से इतनी चिढ़ हो गई थी कि वह अगले दो साल तक यूरोप में ही रही और घर आने का नाम तक नहीं लिया।

उधर टॉम जूनियर का भी बुरा हाल था। उसकी पढ़ाई चौपट हो चुकी थी और स्वास्थ्य भी खराब रहता था। उसकी नाक सूज गई थी और आँखें कमजोर। वह पढ़ नहीं पाता था। वह अपने दुर्भाग्य को कोसा करता था। तीसरा विलियम अपने बड़े भाई टॉम को देख-देखकर चिंतित रहता था। उसका भी मन पढ़ने में नहीं लगता था। वह भी पढ़ाई छोड़कर घर आना चाहता था। इस प्रकार पहली पत्नी मेरी के तीनों बच्चे निराशा के सागर में गोते लगा रहे थे।

एडिसन के बड़े भाई विलियम पिट, जो पोर्ट ह्यूरान में ही थे, का देहांत उनसठ वर्ष की आयु में दयनीय अवस्था में हो गया। एडिसन ने ही उनका अंतिम संस्कार किया। विलियम पिट पर भारी कर्ज था, जिसे बाद में चुकाया गया।

उसके पिता सैमुअल एडिसन भी कम खर्चीले नहीं थे। सत्तासी वर्षीय पिता के लंबे-चौड़े खर्चे आविष्कारक बेटा ही पूरे करता था। एडिसन के सास-ससुर अपने दामाद की जीवन-शैली से चिंतित थे। उन्हें लगता था कि उनकी बेटी मीना, जो सारी दौलत-शोहरत की वास्तविक हकदार है, वंचित है। जब उनके पास मीना के पत्र आते तो वे और भी चिंतित हो जाते थे।

सन् 1891 में एडिसन ने कुछ जायदाद मीना के नाम कर दी। वह उसमें स्थित मकान को अपनी इच्छानुसार सजाने लगी। उसने तरह-तरह की पेंटिंग्स इसमें लगाईं और बाग-बगीचे से सजाया।

एडिसन का कारोबार इतना बड़ा हो गया था और इतना फैल गया था कि

उसे सँभालना काफी मुश्किल हो रहा था। उसके कारोबार के कुछ हिस्सों में धन की बहुत ज्यादा जरूरत होती थी, जबकि कुछ कंपनियों में इमारतें खाली पड़ी होती थीं। उनमें रहने या काम करनेवाला कोई नहीं होता था और खिड़कियाँ हवा के झोंकों से टकरा-टकराकर तेज आवाजें करती थीं। उनके शीशे चूर हो जाते थे।

अकसर उसकी कंपनियों का या तो आपस में विलय होता था या दूसरी कंपनियों के साथ विलय हो जाता था। जे.पी. मॉर्गन जैसे उद्योगपति एडिसन के साझीदार बन गए थे। उसकी कंपनियों का स्वरूप अब अंतरराष्ट्रीय हो गया था और पूर्णकालिक वेतनभोगी प्रबंधक उनका कारोबार सँभालते थे। एडिसन इतनी कंपनियों का निदेशक था कि अनेक कंपनियों की बोर्ड की बैठकों में वह एक बार भी नहीं जा पाया।

इन सब उथल-पुथलों के बीच एडिसन ने अमेरिका में पहला फिल्म स्टूडियो तैयार करवाया, जो उस समय 'काइनेटोग्राफिक थिएटर' के नाम से मशहूर हुआ। इसकी रूपरेखा डिक्सन ने तैयार की थी। सन् 1894 में इसमें पहली फिल्म का निर्माण हुआ। इसके साथ ही अमेरिका में एक नए युग की शुरुआत हुई। यह भौतिकवाद धीरे-धीरे पूरे विश्व में फैल गया।

अब सिनेमा निर्माण हेतु एडिसन की नई कंपनी की स्थापना हुई। काइनेटोस्कोप की माँग विदेशों में भी होने लगी और एडिसन ने उसका मूल्य दो सौ डॉलर रखा। माँग इतनी ज्यादा थी कि फरवरी 1895 तक इसकी बिक्री से प्राप्त राशि 1 लाख 77 हजार 8 सौ 47 डॉलर थी।

पर इतनी बड़ी रकम को सँभालनेवाला कोई नहीं था। मेरियोन यूरोप से लौटकर आई तो उसे अपने पिता का घर कुछ पराया-सा लगा। उसने वापस जर्मनी जाने का फैसला कर लिया। एडिसन उसके इस फैसले से बहुत नाराज हुआ और बेटी को विदा करने न खुद आया और न सौतेली माँ मीना को जाने दिया।

यही नहीं, एडिसन का अपना रहने-खाने का कोई ठिकाना नहीं था। वह कहीं से खाना मँगाकर खा लेता था और कहीं पर भी सो जाता था। पर वह दुनिया को तरह-तरह की खुशियाँ दे रहा था। उसके आविष्कारों से अयस्कों से धातु उत्पादन की प्रक्रिया सरल व सस्ती हो रही थी और धातु उत्पादन तेजी से बढ़ रहा था।

एक और दिलचस्प बात यह थी कि एडिसन कामगारों के चयन के समय महिलाओं को अधिक प्राथमिकता देता था। उसका मानना था कि महिलाएँ पुरुषों की तुलना में अच्छा काम करती हैं।

जिस विभाग में डायनेमो बनता था वहाँ लड़कियाँ-ही-लड़कियाँ कार्यरत थीं। वे तार लगाने, काटने, जोड़ने आदि का काम कुशलता से करती थीं। इसी तरह उसकी फोनोग्राफ कंपनी में भी लड़कियों की भरमार थी।

उस समय सिनेमा कंपनी में काम करनेवाली एक किशोरी को अठारह डॉलर प्रति सप्ताह पारिश्रमिक के रूप में मिलते थे। यहाँ काम करनेवाली लड़कियों का मानना था कि एडिसन पुरुषों को वही काम देता था, जिसे लड़कियाँ नहीं कर पाती थीं।

☐

पचास वर्ष की आयु

सन् 1897 में एडिसन पचास वर्ष का हो गया। अब उसका काम हर तरफ फैल चुका था। उसने यह तय किया था कि हर शनिवार वह अपने परिवार से मिलेगा; पर अकसर इसमें चूक हो जाती थी। अयस्क से धातु की अधिकतम मात्रा निकालने की धुन में एडिसन कई बार खान से निकलकर रेलगाड़ी पकड़कर सीधे प्रयोगशाला आ जाता था और अपने घर को भूल ही जाता था।

पर जब भी उसे किसी सनसनीखेज खोज की खबर मिलती थी तो वह नई दिशा में आगे बढ़ने की सोचने लगता था। सन् 1896 में उसे पता चला कि जर्मन प्रोफेसर विल्हेम रोएंटजन ने अनायास एक्स-रे की खोज कर डाली। अखबारों में इस चमत्कारी खोज की लंबी-चौड़ी चर्चा हुई। एडिसन ने इस दिशा में भी सोचना प्रारंभ कर दिया। उसने इससे संबंधित तरह-तरह के प्रयोग प्रारंभ कर दिए।

उन्नीसवीं सदी के अंतिम वर्षों में एडिसन ही नहीं, मीना के भी दायित्व बढ़ते जा रहे थे। अपने बच्चों के अलावा वह अपने तीन सौतेले बच्चों की भी देख-रेख करती थी। मेरियोन इक्कीस वर्ष की आयु में जर्मनी गई थी और पता चला था कि जिस लड़के से उसका प्रेम-प्रसंग चल रहा था वह असफल हो गया। बाद में उसको एक फौजी अफसर से प्रेम हो गया। उस अफसर ने मेरियोन से विवाह के लिए एडिसन से अनुमति माँगी।

एडिसन ने अपना कर्तव्य निभाया। उसने अपने रिश्ते के एक चाचा को जर्मनी भेजा, ताकि उस फौजी अफसर का अता-पता मालूम कर सके। जब सबकुछ जान-समझ लिया तो दोनों को विवाह-बंधन में बाँध दिया गया। इस अवसर पर टॉम जूनियर भी उपस्थित रहा।

पर विवाह के बाद भी मेरियोन अपने पिता से पैसे माँगती रही। उसका पति उसके खर्चे पूरे नहीं कर पाता था। यही नहीं, उसकी सास भी यह अपेक्षा करती थी कि उसकी बहू का धनी आविष्कारक पिता उन्हें ज्यादा-से-ज्यादा धन दे, ताकि वे ऐश-आराम कर सकें।

पर एडिसन ने अपनी उद्दंड बेटी को पूरी तरह से माफ नहीं किया था और उसके पत्रों का जवाब नहीं देता था; पर मेरियोन अब पछता रही थी, लेकिन वह लगातार पत्र लिखती रही। वह अब अपनी सौतेली माँ को भी पत्र लिखती थी तथा उससे निवेदन करती थी कि वह पिता को समझाए या कम-से-कम पत्र ही पढ़ने के लिए दे दे।

बेटा टॉम कई बार फेल होकर स्कूल से बाहर हो गया। उसने पढ़ना छोड़ दिया। वह एक कलाकार बनना चाहता था और प्रकृति से उसे गहरा लगाव था। वह भी अपने पिता से अलग रहने लगा। बाद में उसने कुछ दिनों तक अपने पिता की कंपनी में एक साधारण मजदूर की तरह काम भी किया। वह भी अपने पिता से निराश हो गया और अंततः उसने भी अपनी सौतेली माँ की ही शरण ली। जब वहाँ से भी कोई राहत नहीं मिल पाई तो वह विद्रोही हो गया। उसने अपने बल पर कुछ करने की सोची और प्रकृति का अध्ययन करने में जुट गया।

पर टॉम कहीं पर भी सफल नहीं हो पाया। कभी वह किसी खान में काम करता तो कभी अपनी सौतेली माँ से फरियाद करता। कभी वह अपने दुर्भाग्य को कोसता कि भगवान् ने उसे एक महान् आविष्कारक का पुत्र क्यों बनाया, किसी सामान्य व्यक्ति का क्यों नहीं बनाया। स्थिति इतनी बिगड़ गई कि टॉम ने सन् 1897 में आत्महत्या करने की ठान ली। पर वह भी नहीं कर पाया। सन् 1898 में न्यूयॉर्क के एक चिकित्सक की सलाह पर उसका शारीरिक व मानसिक दोनों प्रकार का उपचार प्रारंभ हुआ।

मीना भी टॉम के व्यवहार से परेशान थी। वह तीसरे सौतेले बेटे विलियम से भी परेशान थी, जो स्कूली पढ़ाई में बुरी तरह असफल रहा था। उसके स्कूल का हेडमास्टर उसकी शरारतों से परेशान था। वह अकसर एडिसन को शिकायत भरे पत्र भेजता था और निवेदन करता था कि वे एक बार आकर मिल जाएँ। पर उसे कोई जवाब प्राप्त नहीं होता था।

विलियम अपनी किसी चीज का ध्यान नहीं रखता था। वह अपने शिक्षकों का अपमान करता था और कई बार उसका गुस्सा काबू के बाहर हो जाता था। वह बेतहाशा पैसे खर्च करता था। उसे अकसर उधार लेना पड़ता था। उसका यह

व्यवहार स्कूली जीवन के बाद भी जारी रहा। वह अकसर एडिसन के नाम पर कर्ज ले लेता था। इस प्रकार थॉमस अल्वा एडिसन की पहली पत्नी मेरी की संतानें जिंदगी से बेजार थीं। कागजों पर उनके नाम कंपनियाँ थीं, जायदादें थीं, पर सुख उनके भाग्य में नहीं था।

उपर्युक्त पारिवारिक समस्याएँ किसी भी व्यक्ति को तोड़ देने के लिए पर्याप्त थीं; पर एडिसन इनके अलावा अन्य मोरचों पर भी जूझ रहा था। उसका सहयोगी और सिनेमा में सुधार करनेवाला डिक्सन अब आगे उसके साथ काम करने में असमर्थ था। उसे अनेक प्रकार की स्पर्धाओं व विवादों का सामना करना पड़ रहा था। उसका चलचित्र कैमरे का पेटेंट आवेदन छह वर्ष बाद स्वीकृत हो पाया था।

इसी बीच बीसवीं सदी आ गई। इस समय विश्व में साम्राज्यवाद जोरों पर था और अमेरिका भी इससे अछूता नहीं था। दुनिया बाजार बनती जा रही थी और इसपर कब्जे के लिए होड़ मची हुई थी। अनुसंधान के लिए नए-नए क्षेत्र उभर रहे थे और इनमें से मुख्य था—सीमेंट, क्योंकि अनेक निर्माण-क्षेत्रों में इसकी माँग थी।

हालाँकि निर्माण पहले भी होता था और अद्‌भुत तरीके से होता था। मिस्र के पिरामिड, रोम की इमारतें निर्माण के अनूठे उदाहरण हैं, जिन्हें देखकर लोग दाँतों तले अँगुली दबा लेते हैं; पर उनका सही सूत्र ज्ञात नहीं था और वैसा निर्माण दोहराना कठिन था।

इस समस्या को काफी हद तक हल कर दिया सन् 1829 में जोसेफ आस्पडिन ने, जिसने नए प्रकार का एक घोल तैयार किया, जिसे सीमेंट के नाम से जाना जाने लगा। इसमें चूने की मात्रा काफी थी। गृहयुद्ध के पश्चात् अमेरिका में निर्माण कार्य तेज हुआ और इसके लिए आवागमन हेतु आधारभूत संरचनाओं के निर्माण में वृद्धि हुई। इसके साथ ही सीमेंट में सुधार हेतु तेजी से प्रयास किए गए। सन् 1871 में डेविड सेलर नामक अमेरिकी को इसका पेटेंट हासिल हुआ।

समय की माँग देखकर एडिसन भी इस राह पर चल पड़ा। उसने सीमेंट उत्पादन की विधि में सुधार हेतु अनुसंधान प्रारंभ किए। उसने चट्टानों को कूटने, बीच-बीच में तैयार सामग्री का नमूना लेने, रासायनिक गुणों की जाँच आदि करने के तरीके विकसित किए और इसके लिए अनुकूल भट्‌ठी तैयार की। इसमें चूना डालने, गरम करने, गैस निकलने आदि की ऐसी व्यवस्था थी कि सीमेंट उत्पादन अब एक मुनाफेवाला उद्योग बन गया।

एडिसन की विधि से जो लोग सीमेंट तैयार करते थे, वे प्रति बैरल सीमेंट पर एडिसन को एक सेंट रॉयल्टी दिया करते थे। उधर एडिसन सीमेंट का उत्पादन तेजी से बढ़ाने का प्रयास कर रहा था। वह चाहता था कि हर दिन दस हजार बैरल सीमेंट तैयार हो। ये सभी प्रयास वेस्ट ऑरेंज प्रयोगशाला से पैंतालीस मील दूर स्थित एक स्थान पर चल रहे थे।

□

भारी माँग

बीसवीं सदी के आरंभ में एडिसन के आविष्कारों पर आधारित उत्पादों की भारी माँग थी। लोग छोटे, हलके व आसानी से चलनेवाले फोनोग्राफ के लिए टूट पड़ रहे थे। इनकी पूर्ति के लिए एडिसन ने अपनी कंपनी की संरचना में मौलिक परिवर्तन किया था। उनकी बिक्री के लिए भी उसने पूरा ताना-बाना तैयार कर लिया था। बीसवीं सदी के आरंभ में एडिसन ने फोनोग्राफ निर्माण में लगभग एक हजार लोग लगा रखे थे। इनमें महिलाएँ बड़ी तादाद में थीं। लगभग 3 हजार संगीत व नाटक संबंधी विषयों को रिकॉर्ड में दर्ज किया जा रहा था। बिक्री के लिए जारी करने से पूर्व इनकी बारीकी से जाँच की जा रही थी।

एडिसन ने हर प्रकार की माँग को पूरा करने का प्रबंध कर रखा था। उसने बैंड भी तैयार कर रखा था और लोक-धुनों को रिकॉर्ड करने की भी व्यवस्था कर रखी थी। इस कार्य में उसे काफी मुनाफा भी हो रहा था। इतनी व्यस्तता के बावजूद एडिसन हर गतिविधि को ध्यान से देखता था। वह अपने परिसर की गतिविधियों को भी देखता था और दूसरों की भी। उसने देखा कि उस समय की यातायात व्यवस्था बहुत ज्यादा प्रदूषण फैला रही है—विशेष रूप से ईंधन से चलनेवाले वाहन।

उसने इसका उपाय निकाला और योजना बनाई कि यदि विद्युत्-चालित ट्रक चलाए जाएँ तो वे सड़क का मात्र आधा हिस्सा घेरेंगे और उनकी गति आम वाहनों से दुगुनी होगी। वजन ढोने की उनकी क्षमता भी दुगुनी-तिगुनी होगी।

एडिसन अपने विचारों को दर्ज कर लेता था और अनुकूल अवसरों पर उनका प्रयोग करता था। उसने बचपन में रासायनिक बैटरियाँ देखी थीं और उसके

मन में उनके बारे में अनेक विचार उमड़े थे। बाद में जब उसे विद्युत्-चालित फोनोग्राफ की आवश्यकता पड़ी तो उसने उनके बारे में सोचना आरंभ किया। उसने यह भी देखा कि किसी एक स्थान पर प्रकाश व्यवस्था करने के लिए ये बैटरियाँ उपयोगी साबित हो सकती हैं।

पर उस समय की बैटरियाँ भीमकाय होती थीं। एक हॉर्स पावर की मोटर चलाने के लिए जितने बड़े बैटरी बैंक की आवश्यकता होती थी, उसका वजन पचास से सौ किलोग्राम तक होता था। उनमें इलेक्ट्रोलाइट के रूप में तनु सल्फ्यूरिक अम्ल डाला जाता था, जो बैटरियों से जब चूता था तो जंग लग जाता था।

एडिसन को याद था कि टेलीग्राफ कार्यालयों में ये बैटरियाँ इस्तेमाल होती थीं और इनके इलेक्ट्रोड थोड़े ही दिनों में खराब हो जाते थे। इसके अलावा इनमें शॉर्ट सर्किटिंग की भी समस्या होती थी। इनकी दोबारा चार्जिंग में उस समय पाँच घंटे से अधिक लग जाते थे, जबकि इनके उपयोग की अवधि कम ही होती थी।

अब एडिसन ने इसपर जोर-शोर से कार्य प्रारंभ कर दिया। उसने बैटरी की संरचना में सुधार हेतु अनेक पदार्थों का इस्तेमाल किया। उसने अम्लीय घोल के स्थान पर क्षारीय घोल डालकर प्रयोग किया। बैटरी की लंबी उपयोगी आयु, टिकाऊपन, सुरक्षा आदि में वृद्धि हेतु भी अनेक प्रयोग किए।

सबसे महत्त्वपूर्ण प्रयोग के अंतर्गत उसने प्राप्त ऊर्जा प्रति इकाई वजन बढ़ाने का प्रयास किया। उस समय उपलब्ध आधा किलोग्राम वजन की बैटरी से एक वाहन मात्र तीस मील चल पाता था, पर एडिसन ने जो सुधार किए उससे उतने ही भार की बैटरी से वैसा ही वाहन 90 मील तक चलने लगा।

सन् 1901 में नई तरह की बैटरी सामने आई, जिसमें एक इलेक्ट्रोड के रूप में लोहे का उपयोग किया गया था और दूसरे के रूप में निकिल के सुपरऑक्साइड का प्रयोग किया गया था। इसमें पुटाश का प्रयोग इलेक्ट्रोलाइट के रूप में किया गया था।

इस बैटरी को कम समय में चार्ज किया जा सकता था। इसमें प्लेटों के रूप में स्टील की पतली पत्तियों का उपयोग किया गया था। कुल मिलाकर एडिसन की बैटरियाँ इतनी आकर्षक लग रही थीं कि वे यातायात के क्षेत्र में क्रांति ला देंगी। एडिसन ने अपने इस आविष्कार के प्रचार-प्रसार हेतु लेख आदि भी लिखे।

□

विश्राम की आवश्यकता

लगातार काम ने एडिसन को थका दिया। अब तक उसे दिन व रात में अंतर समझ में नहीं आता था और वह काम में लगा ही रहता था। उसके लिए रविवार या अन्य छुट्टी के दिनों का कोई अर्थ नहीं था। उन दिनों यूरोप यात्रा समुद्री जहाज द्वारा ही हो पाती थी और इस लंबी यात्रा के दौरान ही उसे कुछ दिनों का विश्राम मिला, पर एडिसन ने वह समय भी भावी योजना बनाने में लगाया।

सन् 1901 में डॉक्टरों ने उसके स्वास्थ्य को देखते हुए उसे दो वर्ष का विश्राम करने की सलाह दी। यह खबर अखबारों के जरिए चारों ओर फैल गई। यह उस समय एक अनोखी बात थी। पर एडिसन के परिवार के लिए यह राहत की बात थी। इस अवधि में बच्चों को अपने पिता का साथ मिला। उन्होंने मिलकर खाना खाया और संगीत, खेल आदि का आनंद लिया।

एडिसन की कोठी विशाल थी। उसके आस-पास चार सौ एकड़ खुली जमीन थी। एडिसन की इस जमीन पर उसके बच्चों के साथ खेलने के लिए उस समय के धनाढ्य व उद्योगपति लोगों के बच्चे आते थे। इनमें हेनरी कोलगेट, एंड्रयू कार्नेगी, लॉयड फुल्टन आदि प्रमुख थे। इनके अलावा पूर्व राष्ट्रपति लिंकन के पुत्र से भी एडिसन के पारिवारिक संबंध थे। इन बच्चों के खेलने व आनंद लेने के लिए हर तरीके के प्रबंध थे।

बच्चों की माता मीना का व्यवहार सहिष्णु था। वह अपने बच्चों को हर प्रकार का सुख देने का प्रयास करती थी और यह भी प्रयास करती थी कि उन्हें व्यस्त पिता की कमी का अहसास न हो। वह बच्चों की हर बात मानने का प्रयास करती थी और इस कारण बच्चे कुछ नकचढ़े भी हो गए थे।

पर एडिसन अपने इन बच्चों के जीवन में विलासिता का प्रभाव नहीं आने देना चाहता था। एक बार उसने देखा कि उसकी बेटी मेडेलिन जोर-जोर से हँस रही है और उसकी नौकरानी उसके लंबे जूतों पर बटन लगा रही है। एडिसन को यह नागवार गुजरा। उसने पत्नी मीना को डाँटते हुए हिदायत दी कि बच्चों पर विलासिता का न्यूनतम प्रभाव भी नहीं पड़ना चाहिए।

एडिसन अपने बच्चों को अत्याधुनिक कपड़े या फैशनेवल आभूषण भी नहीं पहनने देता था और तरह-तरह के उदाहरण देकर हतोत्साहित करने का प्रयास करता था। वह नाश्ते के समय बच्चों के ज्ञान की परीक्षा लेता था। मीना पिछले दिन के दिए गए कार्यों से संबंधित प्रश्न पूछती थी और जब बेटी मेडेलिन इधर-उधर देखने लगती तो एडिसन गरम कॉफी के कप से निकाली चम्मच उसके हाथ पर लगा देता था।

हालाँकि एडिसन को इस बात का दुःख था कि उसकी पहली पत्नी मेरी के बच्चे उसकी इच्छा के अनुरूप नहीं बन पाए। वह इसके लिए अपने आपको जिम्मेदार मानता था। उसे लगता था कि उसने उनके लिए अपर्याप्त प्रयास किए थे। हालाँकि बाद के समय में मेरियोन भी याद करती थी तो कि उसके पिता उसे प्रतिदिन विश्वकोश के दस पृष्ठ याद करने के लिए देते थे। पर जब वह याद नहीं करती थी तो पिता के पास उसे समझाने या जोर देने का समय नहीं होता था।

पर अब एडिसन अपनी घरेलू जिम्मेदारियों के प्रति भी सजग हो गया था। घर में अध्ययन के लिए अच्छा वातावरण था। मीना स्वयं शीले व रस्किन जैसे महान् उपन्यासकारों की रचनाएँ पढ़ती थी। एडिसन भी वैज्ञानिक रचनाओं का नियमित अध्ययन करता था और बच्चों के सामने उनकी चर्चा भी करता था। घर में नित्य पाँच प्रमुख अंखबार आते थे। शेक्सपियर जैसे रचनाकारों का पूरा संग्रह घर में था। जब मीना और बच्चे सो जाते तब एडिसन रात में भी पढ़ता रहता था और कई बार प्रातः चार-पाँच बजे ही लेट पाता था।

विश्राम के दिनों में एडिसन हर रविवार को घूमने जाता था। बच्चे तरह-तरह की वनस्पतियाँ देखते थे, जबकि एडिसन मछलियाँ पकड़ने का आनंद लेता था। क्रिसमस व ईस्टर पर अमेरिका में अलग ही माहौल होता था। एडिसन का परिवार सवेरे सूरज निकलने से पूर्व ही उठ जाता था। परिवार के सभी लोग मिलकर घर को तरह-तरह से सजाते थे। इस अवसर पर एडिसन अपने आविष्कारों व आविष्कारी मनोवृत्ति का भी इस्तेमाल करना था। उसने अनेक प्रकार की आतिशबाजियों का भी आविष्कार किया था। वह इनका प्रयोग करके मीना व

बच्चों को चमत्कृत कर देता था। बच्चे इससे निकलनेवाली रोशनी व ध्वनि देखकर झूम उठते थे। कई बार वे बुरी तरह डर भी जाते थे। बीच-बीच में सब लोग फलों व आइसक्रीम का आनंद भी लेते थे।

उन दिनों मीना का छोटा बेटा थियोडोर देखने में बहुत सुंदर लगता था। सुनहरे बालोंवाले थियोडोर को सभी प्यार से 'बाबा' कहते थे। उसमें भी अपने पिता की ही तरह गजब की जिज्ञासा थी और वह अजीबोगरीब प्रयोग आदि किया करता था। एक बार वह अपने बड़े भाई चार्ल्स के साथ बाहर गया तो उसने देखा कि भाई चाकू से लकड़ी काट रहा है। उसने भी चाकू से वैसा ही करने का प्रयास किया और अपनी उँगली काट ली।

बाद में जब वह छह वर्ष का हुआ तो उसने तमाम पालतू जानवर इकट्ठे किए। एक बार जब मीना की एक महिला मित्र उससे मिलने आई तो उसने उनके सामने अपने कुछ प्रयोग दिखाए, जिनसे वे सब डर गईं।

एडिसन ने अपने बच्चों की देख-रेख के लिए एक आया रखी थी, जिसका नाम लूसी बोगा था। वह महिला परिवार की एक सदस्या बन गई थी और लगातार बीस वर्ष तक घर में रही। उसने बच्चों को पियानो बजाना भी सिखाया। वह बच्चों को स्कूल छोड़ने भी जाती थी।

धीरे-धीरे मीना के बच्चे भी बड़े होते गए। बीसवीं सदी के पहले दशक में एडिसन का काम बढ़ गया। वह बैटरियों से तरह-तरह के वाहन चलाता था। बेटा चार्ल्स अकसर अपने पिता के साथ चला जाता था और उसके काम में हाथ बँटाने के अलावा मनोरंजन भी करता था। इस दौरान अनेक चटपटी घटनाएँ भी हुईं। एक बार चार्ल्स को मधुमक्खी ने काट लिया तो एक दुर्घटना होते-होते बची।

समय के साथ मेरी के बच्चों में भी बदलाव आया। टॉम जूनियर की हालत एक बार तो बहुत खराब हो गई थी। अपनी दुर्दशा के लिए वह अपने पिता को दोषी ठहराता था। वह बहुत ज्यादा शराब पीने लगा था, अतः बुरी तरह बीमार पड़ गया। सन् 1903 में उसकी हालत बहुत खराब हो गई और उसे सैनाटोरियम में भरती कराया गया।

अपने बेटे के खर्चों की पूर्ति के लिए एडिसन पचास डॉलर प्रति सप्ताह भेजने लगा। उसने उसे काम में लगाने की भी कोशिश की और एक ग्रामीण इलाके में मशरूम फार्म लगाने में मदद की। पर उसने एक शर्त रखी कि वह अपने नाम के आगे से 'एडिसन' शब्द हटा दे, क्योंकि अब तक वह इस नाम का दुरुपयोग करता रहा है। ऐसा ही हुआ और टॉम अब अपने आपको थॉमस विलार्ड के रूप में

परिचित कराने लगा। बाद में उसकी शादी भी हो गई।

विलियम लेस्ली का भी विवाह हो गया। उसकी पत्नी का नाम ब्लांश ट्रैवर्स था और वह बाल्टीमोर के एक समृद्ध किसान की बेटी थी। पर मीना इस विवाह के खिलाफ थी। इस कारण से विलियम व एडिसन के बीच खाई और चौड़ी हो गई। उसने अपनी सौतेली माँ पर तरह-तरह के आरोप लगाए, जिनमें से एक था कि वह अपने हितों के लिए सौतेले बच्चों को अपने पिता से अलग कर रही है।

विलियम ने ऑटोमोबाइल के पुर्जों का कारोबार प्रारंभ किया, पर उसने भी बाजार से काफी कर्ज उठा लिया। एडिसन को लगने लगा कि यह भी अपने पिता के नाम का गलत इस्तेमाल कर रहा है। उसने तार द्वारा बेटे को बुरा-भला कहा। इस पर पुत्रवधू ब्लांश बीच में कूद पड़ी। उसने कहा कि हम 40 डॉलर प्रति सप्ताह में गुजारा नहीं कर सकते और गरीबों की तरह किराए के छोटे मकान में भी नहीं रह सकते हैं।

विवाद काफी बढ़ गया। एडिसन ने विलियम को और पैसा देने से इनकार कर दिया। अगले सात वर्षों तक बेटा-बहू इधर-उधर भटकते रहे। विलियम मामूली वेतन पर एक कारखानों में मेकैनिक के रूप में काम करता रहा। बाद में उसने भी एक ग्रामीण इलाके में एक मुरगीखाना खोला। पति-पत्नी उसमें कबूतर, बतख आदि पालने और बेचने लगे।

उधर, बड़ी बेटी मेरियोन शादी के दस वर्ष बाद भी माँ नहीं बन सकी। उसे भी घर की याद बराबर सताती रही और कभी वह अपने आपको तो कभी पिता को कोसती रही।

□

सफलता का नया दौर

अनेक उतार-चढ़ावों के बाद सन् 1903 से 1908 के दौरान एडिसन को अनेक व्यावसायिक सफलताएँ मिलीं। उसकी फिल्में चल निकलीं। उसने फैसला किया कि वह अच्छी व साफ-सुथरी फिल्में ही तैयार करेगा। इसी बीच चट्टानों को पीसने हेतु बनाई गई मशीन में उसे सफलता मिली और उसने सुधार के 23 पेटेंट हासिल किए। इससे सीमेंट उद्योग को काफी सुविधा मिली। धीरे-धीरे सीमेंट उत्पादन का पूरा काम स्वचालित हो गया और उत्पादन 3 हजार बैरल प्रतिदिन तक पहुँच गया। यही नहीं, इसे अब साफ-सुथरा उद्योग माना जाने लगा।

एडिसन अपने एक आविष्कार का उपयोग दूसरे में बड़ी कुशलता से कर लेता था। उसने फिल्म निर्माण द्वारा सीमेंट उद्योग में लोगों की दिलचस्पी जगा दी। यही नहीं, उसने लोगों के मन में एक सस्ता व टिकाऊ मकान का सपना भी जगाया। उसने दिखाया कि किस प्रकार उस समय बड़े शहरों में लोग मधुमक्खी के छत्तों की तरह छोटे-छोटे घरौंदों में रहते हैं और कुछ तो खुले आसमान के नीचे दिन गुजारते हैं। ऐसे में माताओं और बच्चों को किस प्रकार बदहाली का सामना करना पड़ता है।

एडिसन ने लोगों को सिर्फ सपना ही नहीं दिखाया, बल्कि उसने दो युवा इंजीनियरों और आर्किटेक्टों को इस काम में लगाया तथा उनसे तिमंजिले मकान का नक्शा तैयार करवाया, जिसकी लागत मात्र एक हजार दो सौ डॉलर थी। इरादा यह था कि ऐसे मकान बड़े पैमाने पर तैयार कराए जाएँ, ताकि इनमें आम आदमी रहे और इनमें हर प्रकार की सुविधा, जैसे सर्दियों में ताप की, हर समय प्रकाश व पानी की। इसके अलावा सीढ़ियाँ, अलमारियाँ, बाथटब आदि भी हों।

उसने मकानों के लिए लोहे का ढाँचा तैयार करने के लिए व्यवस्था की तथा सीमेंट में भी महत्त्वपूर्ण सुधार किए। इन सबके लिए प्रयोगशाला में तरह-तरह के प्रयोग किए गए। आरंभ में अपनी डिजाइन के आधार पर उसने अपने कर्मचारियों के लिए कंक्रीट द्वारा निर्मित ग्यारह मकान तैयार किए, जिनमें से दस आज भी खड़े हैं। उस समय यह बहुत बड़ी घटना थी।

इसी तरह एडिसन ने बड़े पैमाने पर बैटरी उत्पादन की योजना तैयार की। उसने अपनी नोटबुक में दर्ज किया कि वह प्रतिदिन पाँच सौ सेल तैयार करवाएगा। इसके लिए उसने एक बड़ा कारखाना तैयार करवाया, जिसकी प्रारंभिक लागत ही 3 लाख 85 हजार डॉलर थी। इसमें इक्कीस विभाग थे और ये चार सौ फीट लंबे तथा पचास फीट चौड़े क्षेत्र में फैले थे।

एडिसन का लक्ष्य न्यूनतम लागत पर बैटरियाँ तैयार करवाना था। इनकी पंद्रह डॉलर कीमत उसे पाँच डॉलर मुनाफा हो। इसके साथ ही उसने अलग-अलग प्रकार के वाहनों की करेंट (एंपियर) आवश्यकताओं की गणना की और उनके अनुरूप बैटरियों के मेल कंबीनेशन तैयार किए।

उसके पास जगह-जगह के ऑर्डर थे। माल ढोने के लिए काम आनेवाले ट्रकों के लिए भी बैटरियों की आवश्यकता थी और सवारी गाड़ियों में प्रकाश की व्यवस्था के लिए भी। उसने पता कर लिया था कि सन् 1902 में अकेले न्यूयॉर्क शहर में 16 हजार लाइसेंस धारक ट्रक थे।

पर एडिसन का यह दुर्भाग्य था कि बैटरी की प्रारंभिक सफलता अल्पकालिक ही सिद्ध हुई और एक साल पूरा होने से पूर्व ही समस्याएँ आरंभ हो गईं। बैटरियों के कंटेनर चूने लगे। दोबारा चार्ज करने में बैटरी में पॉवर लॉस बढ़ता गया और यह 30 प्रतिशत तक जा पहुँचा। पर एडिसन ने हार नहीं मानी। उसने सोल्डर करने के पुराने तरीके को छोड़कर नई वेल्डिंग मशीन तैयार करवाई। पर बैटरी उद्योग जगत् में अनेक रासायनिक समस्याएँ अभी भी थीं, जिनके लिए उसने पोटाश में लीथियम हाइड्रेट मिलाया था। इस प्रकार अनेक समस्याओं पर काबू पाया गया।

इसी बीच एडिसन को नाना शारीरिक समस्याओं का भी सामना करना पड़ा। सन् 1907 में वह साठ वर्ष का हो गया था। सन् 1909 में उसके कानों का दोबारा ऑपरेशन हुआ, अतः उसकी सुनने की क्षमता और कम हो गई।

□

परिवार सहित पिकनिक

तमाम उलझनों के बावजूद एडिसन ने अपने कारोबार पर नियंत्रण कम नहीं किया। उसके वकील ने एक बार उसे सुझाव दिया कि कारोबार का पुनर्गठन कर दिया जाए, ताकि एक कंपनी हो और उसके नियंत्रण में भी आसानी हो, तो उसने तत्काल मान लिया। उसने अपने विभागों का पुनर्गठन किया और अपने प्रबंधकों को अधिकार व जिम्मेदारियाँ सौंपीं। इससे उसे अपने परिवार की ओर ध्यान देने हेतु भी कुछ समय मिलने लगा।

मीना के बच्चों की पढ़ाई चल रही थी। मेडेलिन को गणित व विज्ञान विषयों से डर लगता था। बेटा चार्ल्स भी किसी तरह चल ही रहा था, पर मेडेलिन की अंग्रेजी व नाटकों में अच्छी दिलचस्पी थी। मीना आस लगाए बैठी थी कि उसकी बेटी कॉलेज की पढ़ाई पूरी करेगी। पर बेटी पहले ही यह माने बैठी थी कि ये विषय पढ़ना उसके बस की बात नहीं है।

छोटा बेटा थियोडोर घूमना पसंद करता था। वह लंबे प्रवास पर निकल जाता था। उसे घर की याद नहीं आती थी। अब मीना बच्चों के साथ अपने रिश्तेदारों के यहाँ जाने लगी थी, ताकि बच्चों को अकेलेपन का अहसास न हो।

एडिसन की बड़ी इच्छा थी कि उसकी एक संतान कम-से-कम उसके जैसी हो और उसकी विरासत सँभाले। सन् 1909 में उसने चार्ल्स का प्रवेश एम.आई.टी. में करवाया, ताकि वह विज्ञान का उच्च अध्ययन करके इस योग्य बने कि थॉमस अल्वा एडिसन कॉरपोरेशन का प्रबंधन अपने हाथों में ले सके।

चार्ल्स का पढ़ाई का स्तर मध्यम दर्जे का ही था। वह कुछ विषय चुनकर किसी तरह आगे बढ़ता रहा। वह चर्चाओं में भी भाग लेता रहा। दूसरे ही वर्ष वह

पढ़ाई से इतना ऊब और थक गया कि उसे विश्राम के लिए लंबी छुट्टी लेनी पड़ी।

उधर मेडेलिन जिन लोगों की संगति में रह रही थी, मीना को वे बिलकुल पसंद नहीं थे। थियोडोर तरह-तरह की शरारतों में मस्त था। एक बार उसने अपने पिता के वाहन, जो प्रयोग हेतु रखा गया था, असावधानी से चलाया और गिर पड़ा। वह वाहन थियोडोर के पेट पर चढ़ गया। सौभाग्यवश ज्यादा चोट नहीं आई।

कुछ प्रयोगों का तनाव और कुछ पारिवारिक उथल-पुथल ने एडिसन को मजबूर कर दिया कि वह विश्राम के लिए परिवार सहित दूर जाए। उसने यूरोप जाने का फैसला कर लिया था। उसकी बड़ी बेटी मेरियोन ने उसे सत्रह वर्ष से नहीं देखा था। यह खबर पाकर वह झूम उठी। उसने एडिसन को लिखा कि आप अंतिम समय पर कार्यक्रम में फेर-बदल न करना। उसका पति जर्मन था और पति-पत्नी में अंग्रेजी में बात नहीं होती थी, पर बेटे ऑस्कर ने अंग्रेजी सीखना प्रारंभ कर दिया था। मेरियोन को उम्मीद थी कि वह अपने नाना से अंग्रेजी में बात करेगा।

एडिसन ने तय कर लिया था कि इस बार की यूरोप यात्रा के दौरान वह छोटे शहरों में ही जाएगा और अपनी यात्रा को गोपनीय रखने का ही प्रयास करेगा। उसने मीना, थियोडोर व मेडेलिन को एक महीने पहले ही इंग्लैंड, बेल्जियम तथा हॉलैंड की यात्रा पर भेज दिया था और तय किया था कि वह चार्ल्स के साथ उनसे बोलोन में मिलेगा।

पर चार्ल्स ने देखा कि उसके पिता प्रयोग करने में मगन थे। जहाज की यात्रा के दौरान भी वे कागज के हवाई जहाज बना-बनाकर हवा की दिशा के विपरीत उड़ा रहे थे और एयरो-डायनेमिक्स के सिद्धांतों का प्रायोगिक परीक्षण करने का प्रयास कर रहे थे। एक बार सहयात्रियों से यह भी चर्चा की कि जहाज को जिस घर्षण बल का सामना करना पड़ता है, उसे किस तरह कम किया जाए। इत्तफाक से जहाज में एक आविष्कारक-वैज्ञानिक तथा एक लेखक भी सवार थे। वे दोनों उस बधिर, अल्प शिक्षित, महान् वैज्ञानिक से काफी प्रभावित हुए।

लिवरपूल पहुँचकर वे मोटरगाड़ी से लंदन गए। चार्ल्स ने इंग्लैंड पहली बार देखा था। उन्हें लेने के लिए ब्रिटिश सांसद सर जॉर्ज मार्क्स आए थे और वे उन्हें संसद् की ऐतिहासिक बहस दिखाने ले गए। उस दिन इस बात पर बहस हो रही थी कि उच्च सदन अर्थात् हाउस ऑफ लॉर्ड्स का निम्न सदन अर्थात् हाउस ऑफ कॉमन्स पर वीटो अधिकार क्यों न समाप्त कर दिया जाए।

इसके बाद वे नाव द्वारा बोलोन पहुँचे और अपने परिवार से मिले। अनेक जगहों पर रुकते हुए वे पेरिस पहुँचे, जहाँ के लिए यह पहले से तय किया हुआ था

कि मेरियोन अपने पति को लेकर आएगी। हालाँकि मेरियोन को इतनी दूर आना व होटल में रुकना पसंद नहीं था। वह उन्हें अपने घर बुलाना चाहती थी।

इतना ही नहीं, पारिवारिक पुनर्मिलन का आनंद तब और बिगड़ गया जब वहाँ के मीडिया को इस घटना का पता चल गया। किसी तरह एडिसन परिवार दिन निकलने से पहले भागने पर मजबूर हो गया, क्योंकि पहले दिन जब पत्रकारों को एडिसन से मिलने पर रोका गया तो हंगामा खड़ा हो गया।

पर एक पत्रकार वैलेंटाइन उनके पीछे ही लग गया और स्विट्जरलैंड तक गया। पहाड़ियों पर चढ़ते समय उस पत्रकार की हालत बिगड़ने लगी, क्योंकि वह दिल का मरीज था। उसने चार्ल्स से निवेदन किया कि एक बार वह उसे अपने पिता से मिलवा दे। फिर शायद वह बचे या न बचे।

अब एडिसन पसीज गया और उसने उस पत्रकार से बात की। उस पत्रकार ने बातचीत को कलमबद्ध किया और चार्ल्स ने उसे तार द्वारा अखबार के दफ्तर भेज दिया। अब वह पत्रकार उस यात्रा के दौरान एडिसन परिवार का हमसफर बन गया; सभी ने उसकी अच्छी देख-रेख की। आखिर वह स्वस्थ हो गया।

एडिसन परिवार भ्रमण करता हुआ ऑस्ट्रिया सहित अनेक देशों में गया और वहाँ अनेक लोगों से मिला। एडिसन की अपने एक पुराने विश्वस्त सहायक से भी मुलाकात हुई, जिसने मेनलो पार्क स्थित प्रयोगशाला में उसके साथ काम किया था। कई जगहों पर एडिसन परिवार का जोरदार स्वागत हुआ और भव्य भोज का आयोजन किया गया।

□

फोनोग्राफ में फिर से सुधार

हालाँकि एडिसन ने सैकड़ों आविष्कार किए, पर उसे अपने आविष्कार फोनोग्राफ से विशेष लगाव था। वह उसे अपना श्रेष्ठतम आविष्कार मानता था। लोग भी इस आविष्कार से चमत्कृत थे।

उधर, यूरोप में तनाव बढ़ रहा था और इसके कारण विश्व की अर्थव्यवस्था चरमरा रही थी; पर उस माहौल में भी अमेरिका में सालाना पाँच लाख फोनोग्राफ बिक रहे थे, जबकि सिनेमा उद्योग में एडिसन को प्रतिस्पर्धा का सामना करना पड़ रहा था। एडिसन की कंपनी के द्वारा जो कॉरपोरेट साहित्य प्रकाशित होता था, उसमें भी फोनोग्राफ के प्रचार-प्रसार पर अधिक जोर दिया जाता था।

प्रारंभ में फोनोग्राफ में सिलिंडर होता था, जिस पर ध्वनि दर्ज की जाती थी। पर एडिसन की शुरू से ही इच्छा थी कि ध्वनि प्लेटों पर दर्ज हो और प्लेट की दोनों सतहों का इस्तेमाल किया जाए। इस प्लेट के आकार के बारे में प्रारंभ में उसकी कल्पना अलग थी और वह खाने की प्लेट के आकार की प्लेट ही लगाना चाहता था। वह यह भी चाहता था कि ध्वनि इस प्लेट के मध्य में दर्ज होना प्रारंभ हो और किनारे तक दर्ज होती चली जाए।

पर उत्पादन के दौरान उसने सिलिंडर के उत्पादन पर ही जोर दिया और बीच-बीच में प्लेट पर सिर्फ प्रयोग ही करता रहा। बीसवीं सदी के प्रारंभ तक उसे प्रतिस्पर्धा का सामना नहीं करना पड़ा, पर सन् 1907 में दो अमेरिकी कंपनियों ने प्लेट रूपी रिकॉर्ड बाजार में उतार दिए। विक्टर टॉकिंग मशीन कंपनी तथा कोलंबिया कंपनी ने तीन मिनट की अवधिवाले दस से बारह इंच व्यास के प्लेटनुमा रिकॉर्ड बाजार में उतारे। अब एडिसन ने चार मिनट की अवधिवाले सिलिंडर

बनाने पर जोर दिया।

उसे सफलता भी मिली और उसने प्रचार भी किया कि असली फायदा आकार में नहीं, अवधि में है; पर एडिसन के डीलर प्रभावित नहीं हुए। एडिसन के मार्केटिंग विभाग के प्रतिनिधि हताश होने लगे। उन्होंने एडिसन को प्लेट के लिए राजी कराने के लिए तमाम प्रयास आरंभ कर दिए। अंततः सन् 1912 में जाकर एडिसन के तीन प्लेटनुमा रिकॉर्ड बाजार में आए, हालाँकि एडिसन ने सिलिंडरों का निर्माण न सिर्फ जारी रखा वरन् उनका प्रचार-प्रसार भी जमकर किया।

एडिसन द्वारा बनाए गए डिस्क रिकॉर्ड प्रारंभ में चौथाई इंच मोटे थे और उनका वजन दस औंस था। पहले डिस्कवाले फोनोग्राफ में स्प्रिंग थी और उन्हें 80 चक्र प्रति मिनट की रफ्तार से घुमाया जाता था। एडिसन इनमें लगातार सुधार करता रहा और इसके निर्माण में तरह-तरह की सामग्री आजमाता रहा। इसमें सैफायर से लेकर हीरों तक का उपयोग किया गया। इसके अलावा फोनोग्राफ को और आकर्षक बनाने के लिए तरह-तरह के गाने, लोक-धुनें, फौजी धुनें आदि इन रिकॉर्डों में डाली गईं।

इत्तफाक की बात यह थी कि एडिसन स्वयं लगभग नहीं के बराबर सुन पाता था, पर वह अपने रिकॉर्डों में गाने दर्ज कराते समय पूरा दखल देता था। वह कहता था कि धुन तथा गाने की आवाज अधिक महत्त्वपूर्ण है और कलाकार का नाम गौण है। वह कलाकारों का चयन स्वयं करता था और उन कलाकारों के काम की बारीकी से जाँच करता था। पर अपने रिकॉर्डों के लेबल पर कलाकारों के नाम छापने की इजाजत नहीं देता था।

उसकी समझ इतनी बढ़िया थी कि वह उन कलाकारों का चयन कर लेता था, जिनकी आवाज या धुन फोनोग्राफ पर जमती थी। वह कई बार अनेक बड़े नामी-गिरामी कलाकारों की सेवाएँ अस्वीकार कर देता था। संगीत के क्षेत्र में उसकी पसंद लाजवाब थी और वह उसे आगे बढ़ाने का पूरा प्रयास करता था।

कई बार वह बड़े संगीतकारों से बहस कर बैठता था और कहता था कि संगीत इतना वृहद् विषय है कि आम संगीतकार का संगीत ज्ञान अधूरा होता है और यह कई बार खतरनाक भी होता है। कई बार अज्ञानता बेहतर साबित होती है, उससे निष्पक्षता का जन्म होता है।

वह संगीत को रिकॉर्ड पर इस तरह दर्ज करने का प्रयास करता था, ताकि उसका पुनरुत्पादन सही-सही हो सके। वह सरल संगीत को वरीयता देता था। उसने संगीत संबंधी तमाम साहित्य पढ़ा भी था और तरह-तरह के प्रयोग भी किए

थे। अपने बहरेपन के कारण उसे संगीत को परखने के लिए अन्य अंगों का भी सहारा लेना पड़ता था। कई बार वह अपने दाँत पियानो पर गड़ा देता था और कंपन से धुन का अंदाज लगाता था।

अब एडिसन लोगों का एक प्रेरणास्रोत बन गया था। जिस तरह उसने तमाम आधुनिक सुविधाओं को कम कीमत पर आम लोगों तक पहुँचाया, उससे नव-भौतिकवाद का उदय हुआ। अब अन्य लोग भी उसका अनुसरण करने लगे थे। इनमें से एक हेनरी फोर्ड भी था।

प्रारंभ में हेनरी फोर्ड को भी पेटेंट संबंधी अनेक मुकदमों का सामना करना पड़ा था, पर उसका भी यही लक्ष्य था कि वह आम आदमी को मोटरकार उपलब्ध कराए। वह अपने लक्ष्य में कामयाब रहा और अंततः उसने मोटरकार निर्माण हेतु प्लांट लगा लिया। अपने 60 एकड़ के प्लॉट में उसने चारमंजिला इमारत में कारखाना लगाया और मॉडल-टी कार का निर्माण नए तरीके से प्रारंभ किया। उसकी असेंबली लाइन में खास बात यह थी कि हर व्यक्ति अलग-अलग काम करता था और हर दो घंटे पैंतीस मिनट में एक कार तैयार होकर निकल आती थी।

फोर्ड अपने काम को यथासंभव स्वचालित बनाना चाहता था और इसके लिए उसने एडिसन का सहयोग माँगा। उसने एडिसन को एक लाख डॉलर की अग्रिम राशि देने का प्रस्ताव किया और कहा कि वह अगले दो वर्षों में दस लाख डॉलर और देगा, पर एडिसन को कोई रास्ता इस दिशा में नहीं सूझा, और दोनों के बीच साझेदारी विकसित नहीं हो पाई।

पर हेनरी फोर्ड ने इसका बुरा नहीं माना। वह एडिसन का आदर करता रहा। उसने जगह-जगह एडिसन की प्रशंसा ही की और उसे जमीन से जुड़ा ऐसा आविष्कारक बताया जिसकी कोई सीमा नहीं थी।

□

पैंसठ वर्ष की आयु

पैंसठ वर्ष की आयु में लगभग सभी अवकाश ग्रहण कर लेते हैं। पर एडिसन में अभी भी प्रचंड ऊर्जा थी और उसका मन कल्पना की लंबी उड़ानें भरता था। वह इस आयु में भी नियम से प्रयोगशाला जाता था और रात-रात भर जागकर काम करता था। वह अपना समय भी दर्ज करता था और 10 सितंबर, 1912 को जब उसका दर्ज समय देखा गया तो पाया कि उसने इस हफ्ते एक सौ ग्यारह घंटे अड़तालीस मिनट प्रयोगशाला में बिताए। इस प्रकार उसने लगभग हर रात प्रयोगशाला में काम करते हुए बिताई थी।

अब उसका बेटा चार्ल्स भी उसके साथ काम करता था। वैज्ञानिक लोग जब महीनों तक किसी प्रयोग में कामयाब नहीं हो पाते थे तो एडिसन की शरण में आते थे। ऐसे दु:खी लोगों को एडिसन सांत्वना देता और कहता कि आप लोग अनुसंधान में तर्कसम्मत तरीके ही आजमाते हैं। यदि आप अटपटे तरीके आजमाएँगे तो शायद सफलता जल्दी मिल जाएगी।

अब एडिसन के प्रशंसकों के बहुत सारे पत्र आते थे। वह उनके जवाब भी देता था। वह उन्हें प्रेरित करने के लिए लिखता कि मैं पिछले पैंतालीस वर्षों से रोज अठारह घंटे अनुसंधान कर रहा हूँ। आम आदमी इसका आधा ही कर पाता है। इस तरह मेरी काम करने की आयु नब्बे वर्ष हो चुकी है। यदि युवावस्था तक की आयु जोड़ी जाए तो यह एक सौ दस वर्ष होती है। पर अभी मुझे बीस वर्ष तक इसी तरह काम करते रहना है; इस तरह एक सौ पचास वर्ष की आयु पूरी करनी है।

लोग इस बात पर आश्चर्य व्यक्त करते कि एडिसन बीमार क्यों नहीं पड़ता है। वह दो-दो सीढ़ियाँ लाँघते हुए अपनी प्रयोगशाला की तीसरी मंजिल पर बिना

रुके चढ़ जाता है। कई बार वह कुछ भूल जाता तो तेजी से नीचे आता और फिर ऊपर पहुँच जाता था। उसका चलना, चढ़ना, उतरना स्कूली छात्र जैसा होता था, जिसके चेहरे पर थकान के भाव नहीं उभरते।

एडिसन को कभी-कभार सिर दर्द व सर्दी-जुकाम की शिकायत होती थी। उसके मध्य कान का संक्रमण उसे अकसर परेशान करता रहता था। पर कुल मिलाकर एडिसन अपने शरीर को एक मशीन की तरह चुस्त-दुरुस्त रखता था। वह उसे गतिशील व दक्ष बनाए रखने के लिए तरह-तरह के प्रयास करता था। वह भोजन पर नियंत्रण रखता था। नाश्ते में टोस्ट के साथ छोटा मटन चॉप ही लेता था और एक कप कॉफी पीता था। दोपहर के भोजन में भी बर्गर, सेब व चाय ही लेता था। पेस्ट्री व पाई उसे बहुत पसंद थे।

अपने शरीर को वह एक कंबशन इंजन मानता था और कहता था कि जिस प्रकार कंबशन इंजन के लिए ईंधन व ऑक्सीजन का उचित सम्मिश्रण आवश्यक होता है, उसी प्रकार भोजन का भी स्वरूप होना चाहिए। वह स्टार्चवाले खाद्य पदार्थों व वनस्पतिजन्य खाद्य पदार्थों को बहुत अच्छी तरह चबा-चबाकर खाता था, ताकि सारे पौष्टिक तत्त्व व पर्याप्त ऊर्जा शरीर में घुल जाए।

जब वह बीमार होता था तो बिलकुल खाना नहीं खाता था। उसे लगता था कि शरीर इस समय संचालन में नहीं है और ऐसे में खाना खाना भोजन की बरबादी है। उसे यह भी याद था कि उसके पिता सैमुअल भी कई बार बीमारी व खराब मौसम में तीन-चार दिन तक भोजन नहीं करते थे। उन्हें भी लगता था कि अनावश्यक भोजन पाचन-तंत्र पर बोझ होता है।

एडिसन की ऊँचाई पाँच फीट नौ इंच थी, पर उसका वजन 175 से 178 पौंड के बीच ही रहता था। उसका दावा था कि यदि उसका वजन काम में बाधा बनेगा तो वह उसे 165 पौंड तक ले आएगा।

एडिसन की सफलता का एक और राज था। वह चिंता नहीं करता था, अपने आप को लगातार व्यस्त रखता था और हर क्षण के लिए अलग-अलग काम उसके पास रहता था। वह चिंता करने के लिए या परेशान होने के लिए गुंजाइश ही नहीं रखता था। यही कारण था कि एडिसन के चिकित्सक डॉक्टर न्यूटन उससे बहुत-कुछ सीखते थे। उन्हें यह देखकर आश्चर्य होता था कि किस प्रकार यह व्यक्ति अपने शरीर व मन पर पूरा नियंत्रण रखता है।

एडिसन से प्रभावित होनेवाले लोगों की संख्या बढ़ती जा रही थी। हेनरी फोर्ड ने जॉन बरोज नामक प्रकृति-विज्ञानी को एडिसन से मिलवाया। बरोज की

आयु उस समय लगभग अस्सी वर्ष थी और वे एक धार्मिक व लिखने-पढ़नेवाला जीवन व्यतीत कर रहे थे। बरोज भी एडिसन से बहुत प्रभावित हुए। बाद में उन्होंने साथ-साथ अनेक यात्राएँ कीं। उनके साथ फायर स्टोन की मुलाकात हुई, जिन्होंने बरोज के देहांत के बाद भी एडिसन का साथ निभाया। फायरस्टोन से एडिसन भी बहुत प्रभावित हुए।

ये लोग जब यात्राओं पर जाते थे तो अकसर लोग उन्हें पहचान लेते थे। सामान्य जन एडिसन को 'मिस्टर ग्रामोफोन' कहकर पुकारते थे। एडिसन भी खुश होता था और बच्चों को चॉकलेट बाँटता था। इन सभी की आदतें अलग-अलग थीं। यात्राओं के दौरान फोर्ड गाड़ी रोककर झरनों पर बर्फीले पानी में स्नान का आनंद लेता था, जबकि एडिसन को दोपहर के भोजन के बाद पेड़ के नीचे झपकी लेने की आदत थी। फोर्ड को पेड़ पर चढ़ने में आनंद आता था। वह गरमियों में भी लकड़ियों से आग जलाता था। वह अकसर दूर-दराज के इलाकों में राइफल से निशानेबाजी प्रतियोगिता, नृत्य प्रतियोगिता तथा दौड़ प्रतियोगिता आयोजित करता था।

प्रकृति-प्रेमी बरोज फूलों और चिड़ियों की आवाज पहचानने में कुशल था। उधर एडिसन भी एक किस्म का दार्शनिक था। बातचीत के दौरान उसे एडिसन का मध्यस्थ बनना पड़ता था; क्योंकि हेनरी फोर्ड विशुद्ध उद्योगपति था और अन्य विषयों में उसका ज्ञान लगभग नगण्य था। तीनों लोग अनेक विषयों पर चर्चा करते थे। बरोज बड़े ध्यान से देखता था कि एडिसन दिन निकलने पर एकांत में गंभीरता से पत्रिकाएँ पढ़ता था और यही कारण था कि उसका ज्ञान का भंडार सबसे विस्तृत था। वह भोजन पर भी नियंत्रण रखता था। नाश्ते के बाद एडिसन अकसर अध्ययन में जुट जाता था और उसके कपड़े मैले-कुचले होते थे और बाल उड़ते रहते थे। इस यात्रा में भी वह अनुसंधान ही कर रहा था और विभिन्न वनस्पतियों के दूध से रबर तैयार करने की विधियाँ तैयार कर रहा था।

शेष साथियों के लिए तो यह सैर मात्र थी और जब मौसम खराब होता था तो वे होटल के कमरे में ठहरते थे और गरम पानी में स्नान करते थे। कई बार वे परिचितों के मकान में चले जाते थे और बर्फीली ठंड से तरह-तरह का बचाव करते थे, पर एडिसन कैंप में ही रह जाता था। उसे दाढ़ी बनाने का भी समय नहीं मिल पाता था। वह अपने तंबू में भी बैटरी की सहायता से प्रकाश उत्पन्न करता था और अखबार एवं पत्र-पत्रिकाएँ आदि पढ़ता रहता था। रात में जब मौसम साफ हो जाता था तो वह आसमान में तारों को निहारता था। शायद उसे नए विषय की तलाश थी।

रात के खाने के बाद सभी साथी आग के चारों ओर बैठकर गंभीर चर्चाएँ किया करते थे। सभी लोग अपने-अपने विषय के विशेषज्ञ थे। फायरस्टोन साहित्यकार था और अकसर शेक्सपियर के नाटकों की चर्चा किया करता था। केवल एडिसन ही ऐसा था जो हर विषय पर चर्चा कर लेता था। यही नहीं, वह योजना बनाता कि कैसे शेक्सपियर के नाटकों को आम भाषा में अपने फोनोग्राफ पर प्रस्तुत किया जाए।

जब प्रथम विश्वयुद्ध प्रारंभ हुआ तो अनेक लोग शांति की बात करते थे। अधिकतर लोग अमेरिका को युद्ध से दूर रहने पर भी जोर देते थे। पर उन दिनों एडिसन में गजब की देशभक्ति व जिम्मेदारी की भावना आ गई थी। वह जर्मनों से बुरी तरह चिढ़ने लगा था और उन्हें बड़ा आलसी मानता था। उसे विश्वास था कि अमेरिका व उसके मित्र देशों की जीत होगी।

वह इस पक्ष में था कि यदि इसके लिए काफी बलिदान देना पड़े तो देना चाहिए। आज यह जरूरी है। अब उसने विस्फोटकों पर काम प्रारंभ कर दिया। उसने उन तरीकों को तलाशना प्रारंभ कर दिया, जिनसे ये विस्फोटक पनडुब्बी में लादे जा सकते हैं।

काम के दौरान फिजूल बातें या मजाक करना वह पसंद नहीं करता था। एक बार जब वह युद्ध के लिए विस्फोटकों पर काम कर रहा था तो एक चिड़िया ऊपर से निकल गई। प्रकृति-प्रेमी बरोज ने उस चिड़िया को देखकर कहा, 'हे चिड़िया! जर्मनों को संदेश देना कि हम पूरी दुनिया में स्वतंत्रता बहाल करेंगे।' बात वहीं पर रुकी नहीं और जर्मन संगीत पर चर्चा प्रारंभ हो गई। एडिसन ने झुँझलाकर कहा कि मोजार्ट किसी काम का नहीं था। यही नहीं, उन दिनों एडिसन तत्कालीन अमेरिकी राष्ट्रपति को महान् व्यक्ति मानता था।

यहूदियों के प्रति धारणा

प्रथम विश्वयुद्ध के दौरान यहूदियों की भूमिका विवादास्पद रही। अनेक लोग उन्हें युद्ध का कारण भी मानते थे। हेनरी फोर्ड भी उनमें से एक थे। इस कारण एडिसन की मित्र-मंडली में इस विषय पर बृहत् चर्चा प्रारंभ हो जाती थी। बरोज का मानना था कि यहूदी कुशल व्यवसायी होते हैं। इस कारण मूल जर्मन उनसे जलते हैं। पर एडिसन की मान्यता बिलकुल अलग थी। वह यहूदियों का पूरा आदर करता था। उसका मानना था कि यहूदी लोग बहुत अच्छे होते हैं और वे व्यापार में ही नहीं बल्कि कला, संगीत, विज्ञान, साहित्य सभी में कुशल हैं। उनकी छठी

इंद्रिय अति सशक्त होती है और इस कारण व्यापारिक मामलों में उनका निर्णय सटीक होता है—और यही उनकी सफलता का राज है। यहूदी मूल के लोग नैसर्गिक रूप से प्रतिभावान् होते हैं और जल्दी ही धनी हो जाते हैं। चूँकि अभी तक अन्य देशों में उन्हें दबाया जाता रहा है, अतः वे लोग धूर्तता का सहारा लेते रहे हैं। चूँकि अमेरिका में प्रजातंत्र है, अतः वे धूर्तता छोड़ देंगे।

पर एडिसन की मान्यता फोर्ड को प्रभावित नहीं कर पाई। दोनों के इस संबंध में विचार अलग रहे, पर उनके आपसी संबंध प्रभावित नहीं हुए। फोर्ड एडिसन का बहुत आदर करते थे और समय के साथ आदर-भाव बढ़ता रहा। सन् 1916 में फोर्ड ने एडिसन के घर के समीप साढ़े तीन एकड़ जमीन का एक टुकड़ा खरीदा, जिसमें अंगूर के सौ पौधे तथा संतरे के पचास पेड़ थे। इसमें चौदह कमरों का दोमंजिला मकान पहले से ही बना हुआ था और इस प्रकार फोर्ड एडिसन के पड़ोसी बन गए।

□

भयानक आग

9 दिसंबर, 1914 को बुधवार का दिन था। उसी दिन शाम को 5 बजकर 17 मिनट पर एडिसन की प्रयोगशाला व कारखाना परिसर के फिल्म निरीक्षण विभाग में आग लग गई और आग तेजी से फैलती चली गई। पास के लकड़ी के कारखाने भी इसकी चपेट में आ गए। फोनोग्राफ कारखाने के लकड़ी के दरवाजे-चौखट भी नहीं बच पाए और धू-धू करके जलने लगे।

जब आग लगनी शुरू हुई तो एडिसन प्रयोगशाला परिसर में नहीं था। पर जल्दी ही वह मौके पर पहुँच गया और उसे अगले चौबीस घंटों तक इस हृदय-विदारक दृश्य को देखना पड़ा। उसने लोगों को लगातार निर्देश दिए और शेष परिसर को बचाने का भरपूर प्रयास किया। वह चाहता था कि उसकी मुख्य प्रयोगशाला, छह मंजिली इमारत, जिसमें काइनेटोस्कोप निर्माण, स्टोरेज, बैटरी निर्माण तथा अन्य विद्युत् कार्य होते थे, किसी तरह बच जाए।

उधर लपटें तेजी से लपलपा रही थीं और इधर एडिसन आगे की सोच रहा था कि जो जल गया सो जल गया, पर आगे किस तरह दोबारा सबकुछ खड़ा किया जाए। आरंभिक अनुमानों के अनुसार यह नुकसान तीस से पचास लाख डॉलर का था।

उसी समय जलती लपटों का नजारा दर्ज करने एक पत्रकार वहाँ आया। एडिसन को अपनी साख की ज्यादा चिंता थी और वह न जल जाए, इसलिए उसने उस पत्रकार को एक हस्तलिखित वक्तव्य थमा दिया कि हालाँकि बहुत कुछ जल गया, पर वह पुनः खड़ा होने के लिए सबकुछ करेगा और फिर वैसा ही दिखाई देने लगेगा।

तभी एक दूसरा पत्रकार भी वहाँ आया। एडिसन उसकी ओर मुखातिब हुआ और बोला कि मैं अभी सड़सठ वर्ष का हूँ, पर मैं कल से फिर नया जीवन प्रारंभ करूँगा। ज्यों ही आग की लपटें खत्म होंगी और मलबा ठंडा पड़ेगा मैं फिर से अपना कार्य शुरू करूँगा। और ऐसा ही हुआ। मामूली झपकी लेने के बाद ही एडिसन तरोताजा हो गया। उसने फिर से अपनी प्रयोगशाला का निर्माण आरंभ कर दिया। उसने तरह-तरह के नक्शे, चार्ट आदि अपने पास लगाए और उनके अनुसार रोज काम आगे बढ़ता गया।

अपने महाप्रबंधक चार्ल्स को उसने भरोसा दिलाया कि जो दोबारा बनेगा वह पहले से बड़ा व बेहतर होगा। अतः दुःख की कोई बात नहीं है। वैसे भी जब मैं मरूँगा तो साथ तो कुछ भी नहीं ले जाऊँगा।

उसने जो कहा वह कर दिखाया। पुनर्निर्माण का कार्य चौबीस घंटे चलने लगा। बड़ी-बड़ी सर्चलाइटों का प्रबंध किया गया और रात में भी दिन जैसा प्रकाश रहने लगा। उस समय के लिए यह अनोखी बात थी। बीसों ट्रकों में लोहे व स्टील के ढाँचे के मलबा को दूर ले जाया गया। सैकड़ों ट्रकों में ईंटों का मलबा फिंकवाया गया। बची हुई मशीनरी दूसरे प्लांटों में रखी गई।

पूरे इलाके को जल्दी ही समतल कर लिया गया। जो मशीनें बच गई थीं या ठीक थीं, उन्हें फिर से अपने स्थान पर लगाया गया। तब तक बहुत सारा फोनोग्राफ संबंधी कार्य ठेके पर दूसरे कारखानों में दे दिया गया, ताकि फोनोग्राफ की माँग को पूरा किया जा सके। ज्यादातर गतिविधियाँ मात्र एक महीने में ही पटरी पर आ गईं।

इसके साथ ही फोनोग्राफ की माँग जोर पकड़ती गई। एडिसन ने न्यूयॉर्क, सैन फ्रांसिस्को सहित तीन शहरों में भव्य शोरूम खोले। अब नई डिस्क में पाँच मिनट अवधि का संगीत रिकॉर्ड हो जाता था। सन् 1914 में ही एडिसन के गोदाम से प्रति सप्ताह तीस हजार डायमंड डिस्क बाहर निकलने लगी। बिजली से चलनेवाली मोटर भी बाजार में आ गई।

चुनौती : अपने उत्पाद की गुणवत्ता प्रमाणित करने की धुन में एडिसन ने अब चुनौती देना आरंभ किया। उसने अब नाटक आयोजित करना शुरू किया और साथ में फोनोग्राफ भी बजाया जाता। इस दौरान दर्शकों के समक्ष चुनौती होती थी कि वे पहचानकर बताएँ कि कार्यक्रम जीवंत चल रहा है या रिकॉर्ड बज रहा है।

आग की घटना के बाद एडिसन ने आना केस नामक कलाकार को इस चुनौती भरे कार्यक्रम में उतारा। सन् 1889 में एक लुहार के परिवार में जनमी आना ने अपना कैरियर साबुन बेचने से प्रारंभ किया था। बाद में वह बच्चों को खच्चर की

सवारी कराती थी और किसी तरह अपना गुजारा करती थी। उसने दूसरों के घरों में साफ-सफाई करने से लेकर खाना बनाने तक का काम किया और इस तरह कमाए गए पैसों से संगीत सीखा।

मात्र पंद्रह वर्ष की आयु में आना ने बारह डॉलर प्रति माह पर चर्च के लिए संगीत-वाद्य बजाया। उसने लोगों को संगीत भी सिखाया। बीस वर्ष की आयु में उसने कार्यक्रम देने आरंभ कर दिए। उसके कार्यक्रमों में लोग झूम उठते थे।

थॉमस एडिसन को प्रतिभाओं की अच्छी पहचान थी। उसने जब पहली बार आना का कार्यक्रम देखा तो उसने अपने चुनौतीवाले कार्यक्रम के लिए उसकी सेवाएँ ले लीं। उसने और भी कई कलाकार लिये थे। ये कलाकार मंच पर कार्यक्रम प्रस्तुत करते थे। कुछ देर वे अपनी आवाज में बोलते या गाते थे और कुछ देर फोनोग्राफ से उनके लिए आवाज निकलती थी। लोगों के सामने चुनौती होती थी कि वे पहचान कर के बताएँ।

सन् 1915-16 में इस प्रकार के कार्यक्रम अमेरिका में जगह-जगह दिखाए गए और लगभग दो लाख लोगों ने उन्हें देखा। इससे डायमंड डिस्क की बिक्री बहुत तेजी से बढ़ी। यही एडिसन का उद्देश्य था। इसके साथ ही अमेरिका में संगीत कार्यक्रमों की संख्या भी बढ़ गई।

पर इस अवधि में एडिसन का चलचित्र कार्यक्रम धीमा रहा। हालाँकि उसने इस दिशा में भी अनेक प्रयोग किए। अनेक प्रतिभावान् लोगों को लगाया, पर उसके काइनेटोस्कोप उस समय महँगे साबित हुए और लोग उन्हें पार्लर में लगा नहीं पाते थे। इसका एक कारण यह भी था कि एडिसन अपनी फिल्मों में उतनी कलात्मकता प्रविष्ट नहीं करा पाया था।

कुल मिलाकर एडिसन फिल्म व्यवसाय से निराश था। जब भी कोई उससे उसके सिनेमा की बात करता तो वह विषय बदलकर फोनोग्राफ पर आ जाता था। वह कहता कि फोनोग्राफ ही आम आदमी के मनोरंजन का साधन है।

□

विश्वयुद्ध में देश-सेवा

प्रथम विश्वयुद्ध शुरू हो गया था। आरंभ में अमेरिकी राष्ट्रपति विल्सन और पूर्व राष्ट्रपति थियोडोर रूजवेल्ट की अपने यूरोपीय मित्र राष्ट्रों से सहानुभूति तो थी, पर वे उसमें कूदना नहीं चाहते थे। पर यह स्थिति ज्यादा दिनों तक नहीं रह पाई। अमेरिकी सवारी जहाज लुसीतानिया आयरलैंड के पास समुद्र में डुबो दिया गया। उधर जर्मन यू बोटों ने आतंक मचा रखा था। जर्मन पनडुब्बियों का खतरा हमेशा बना रहता था।

ऐसी स्थिति में हेनरी फोर्ड व थॉमस अल्वा एडिसन जैसे लोग चुप कैसे बैठ सकते थे। हेनरी फोर्ड ने बचपन में ही शांति का ऐसा पाठ पढ़ लिया था कि वे हर प्रकार के युद्ध का विरोध करते थे। उन्हें तो सैनिक हत्यारे लगते थे। उनके मस्तिष्क में यहूदियों की अच्छी छवि नहीं थी।

जब यूरोप में तोपों ने गोले दागे तो पहले-पहल फोर्ड ने ही इसे एक बुरा प्रयास बताया। फोर्ड ने शांति अभियान आरंभ कर दिया। उनके साथ अनेक देशों के प्रतिष्ठित लोग जुड़ गए। उन्होंने न्यूयॉर्क शहर के एक बड़े होटल में अपना मुख्यालय स्थापित किया और एक शांति जहाज यूरोप भेजने का निर्णय लिया।

पर फोर्ड के इस कार्यक्रम का जमकर विरोध हुआ। फोर्ड के घनिष्ठ मित्र बरोज तथा एडिसन ने भी इस विचित्र कार्यक्रम को रद्द करने की सलाह दी। पत्नी क्लारा भी साथ छोड़ गई; पर फोर्ड अब तक इस अभियान पर पाँच लाख डॉलर लगा चुके थे और इसे छोड़ने के लिए तैयार नहीं थे।

पर फोर्ड के खेमे में मायूसी के बादल छा गए थे। लोग आपस में तर्क-वितर्क भी करने लगे थे। पर फिर भी फोर्ड का शांति जहाज रवाना हुआ। उसमें

कॉलेज के कुछ छात्र और कुछ सिरफिरे लोग थे। इसमें कुछ पत्रकार भी साथ हो लिये। भयंकर ठंड में जहाज नॉर्वे पहुँचा और फोर्ड अपने अभियान दल को छोड़कर भाग गए। पर एक साहसी महिला ने अभियान का नेतृत्व किया और लक्ष्य तक किसी तरह पहुँची।

निराश फोर्ड ने पहले इधर-उधर की बातें बनाईं और फिर पलटा खाते हुए अपने औद्योगिक साम्राज्य की सारी सुविधाएँ, जिनमें विशेष ट्रक, सुनने के उपकरण, हेल्मेट आदि भी थे, सरकार के हवाले कर दिए, ताकि वह रक्षा सामग्री का विकास व उत्पादन कर सके।

पर एडिसन का रुख एक जैसा ही रहा। उनका कहना था कि युद्ध का हल शांति सम्मेलन नहीं है। इसका हल है युद्ध के लिए लगातार तैयारी करते रहना; पर न तो दूसरों को उकसाना और न ही उकसावे में आना। हमारी तैयारी ही हमारी शक्ति है। एडिसन ने रक्षा जगत् व उद्योग जगत् के मध्य बेहतर तालमेल पर जोर दिया। उन्होंने यह भी कहा कि वैज्ञानिकों को लगातार प्रयोग करते रहना चाहिए, ताकि वे अपने हथियारों व उपकरणों को आधुनिकतम रख सकें। इसी से युद्ध रुक सकेगा।

इधर, एडिसन के उद्योग पर युद्ध का सीधा प्रभाव पड़ने लगा। फोनोग्राफ की डिस्क तैयार करने के लिए उसे कार्बोलिक अम्ल की आवश्यकता होती थी और युद्ध से उसकी कमी पड़ गई। उसने कहा कि युद्ध हमें यह भी सिखाता है कि हमें आत्मनिर्भर बनना चाहिए। हमें कम-से-कम लागत पर अपने लिए सामग्री तैयार करनी चाहिए।

इसके साथ ही अनेक प्रकार के रसायनों को तैयार करने का काम प्रारंभ हो गया। पेनसिल्वेनिया के ग्रामीण इलाकों से काफी सारी गैस बेकार जाती थी, जो कुकिंग ओवनों से निकलती थी। एडिसन ने अपनी प्रयोगशाला में इनसे बेंजॉल नामक रसायन तैयार करने की विधि तैयार कर ली। जर्मनी द्वारा की गई नाकेबंदी से इस रसायन की अमेरिका में भारी कमी हो गई थी।

लुसीतानिया के डुबोए जाने से दो मास पूर्व ही एडिसन ने नौसेना के विस्तार तथा उसमें स्थित पनडुब्बी बेड़े को सशक्त करने की वकालत करना प्रारंभ कर दिया था। उसका मानना था कि इससे अमेरिकी तटों की बेहतर चौकसी हो सकेगी। उसका कहना था कि यह शांति हेतु बीमा साबित होगी। उसने जोर दिया कि जब व्यक्ति बीमा करवाता है तो राष्ट्र क्यों नहीं।

पर एडिसन युद्ध-प्रेमी नहीं था। लुसीतानिया के डूबने पर उसने यात्रियों की मृत्यु पर अफसोस व्यक्त किया, पर युद्ध में कूदने की वकालत नहीं की। पर

उसने यह अवश्य कहा कि अब महाविनाश के लिए भौतिक व मानसिक रूप से तैयार हो जाना चाहिए।

अगले दिन तत्कालीन नौसेना सचिव डेनियल वेस्ट ऑरेंज आए और उन्होंने डेढ़ करोड़ डॉलर के अनुबंध पर हस्ताक्षर किए, जिसके अंतर्गत एडिसन को पनडुब्बियों व युद्ध के जहाजों के लिए बैटरियों की आपूर्ति करनी थी। उस समय भी एडिसन ने शांतिपूर्वक यही कहा कि हमें ज्यादा रक्षा खर्च व ज्यादा रक्षा उत्पादन इसलिए करना है कि हम अपनी रक्षा कर सकें। उसने यही कहा कि युद्ध-प्रेम आवश्यक नहीं है। सैनिक को सिर्फ खून का प्यासा नहीं होना चाहिए, वरन् उसे सोचना भी चाहिए।

उस समय अनेक अमेरिकी नौकरशाह विशाल सेना के खर्च को भारी बरबादी बताते थे। दूसरी ओर, अनेक लोग अमेरिकी सेना की उस समय की रक्षात्मक मुद्रा पर बेचैन थे और वे मानते थे कि इससे पहले कि अमेरिका पर कोई बड़ा हमला हो, उसे पहले आक्रमण कर देना चाहिए।

एडिसन इस दौरान कुछ अलग ही कल्पनाएँ किया करता था। वह सोचता था कि अमेरिका तभी सुरक्षित होगा जब उसके पास शक्तिशाली गोला-बारूद होगा, लंबी दूरी तक मार करनेवाली तोपें होंगी। दुनिया भर के समुद्रों पर शासन करने लायक तीव्र गति के जलयान होंगे। उसने अपनी मातृभूमि की रक्षा हेतु चौकसी बढ़ाने के लिए एक पूरी योजना तैयार की और रक्षा सचिव से निवेदन किया कि यदि देश सेवा का अवसर देगा तो वह अपना देश-प्रेम एक वैज्ञानिक के रूप में प्रस्तुत करेगा।

7 जुलाई, 1915 को राष्ट्रपति विल्सन से सलाह करके नौसेना सचिव डेनियल ने एडिसन से निवेदन किया कि वे अमेरिकी नौसेना के अंतर्गत बने आविष्कार व विकास विभाग का दायित्व सँभालें। वे देश में स्थित सैनिकों व असैनिकों से विचार लें, ताकि भावी युद्ध की बेहतर तैयारी की जा सके।

उस समय पनडुब्बी निर्माण एक ऐसा क्षेत्र था, जिसमें जर्मनी बहुत आगे था और अमेरिका उसकी तुलना में हलका पड़ रहा था। भावी तैयारी हेतु आविष्कारी मनोवृत्तिवाले व्यक्तियों का ध्यान पहले-पहल इसी विषय पर गया। इस समूह में तत्कालीन सहायक नौसेना सचिव रूजवेल्ट सहित अनेक गण्यमान्य व्यक्ति थे। एडिसन ने इसके अध्यक्ष का दायित्व सँभाला। हर तरह के लोगों से उनके विचार लिये गए। लगभग एक लाख से अधिक विचार आए, हालाँकि उनमें से कार्य-योग्य विचार कम ही थे। एडिसन ने उनमें से अनेक लोगों से परामर्श भी किया।

नौसेना के अंतर्गत संस्थागत रूप से अनुसंधान प्रारंभ हो गया, जिससे पहली नौसेना अनुसंधान प्रयोगशाला की नींव पड़ी।

सन् 1917 के आरंभ में ही जर्मनी ने असीमित पनडुब्बी युद्ध शुरू कर दिया। अब अमेरिका पूरी तरह युद्ध में कूद पड़ा था। देशभक्त एडिसन ने अपनी वेस्ट ऑरेंज प्रयोगशाला का कार्यभार अपने बेटे चार्ल्स को सौंपा और पूर्णकालिक रूप में नौसैनिक अनुसंधान में जुट गया। वह घर-बार छोड़कर वाशिंगटन के होटल में रहने लगा।

सत्तर वर्ष की आयु में उसने लगातार चार महीने तक काम किया। उसके प्रयोग छह अलग-अलग यार्डों में चले। कुछ दिन उसके साथ उसकी पत्नी मीना और पुत्र थियोडोर भी रहे। कुल मिलाकर उसने अड़तालीस परियोजनाओं पर कार्य किया। इन परियोजनाओं में परिष्कृत परिस्कोप, खराब मौसम में भी देखनेवाले उपकरण, पनडुब्बी उपकरण, परिष्कृत तारपीडो, विभिन्न प्रकार की सर्चलाइटें, सुरंगों को पहचाननेवाले उपकरण आदि शामिल थे।

वह दो-दो दिन तक लगातार प्रयोग करता था। उसे समुद्री जीवन भाने लगा था। नमकीन हवा उसे रोमांचित कर देती थी। वह बहुत कुछ करना चाहता था, पर उस समय की लाल फीताशाही ने उसके चार दर्जन विचारों को प्रोटोटाइप स्तर से आगे बढ़ने ही नहीं दिया।

पर उसकी बेटी मेरियोन के लिए यह युद्ध किसी नरक से कम नहीं था। उसका फौजी पति जर्मनी के लिए लड़ रहा था और मेरियोन को सैनिक आवास कॉलोनी, जो एक छोटे से इलाके में थी, में गुजारा करना पड़ रहा था। छुट्टी के दिनों में भी उसका पति सैनिक साथियों के साथ काम में ही लगा रहता था। पर मूँछोंवाला ऑस्कर ओसर अपनी अमेरिकी पत्नी मेरियोन से बहुत प्यार करता था। युद्ध के इस माहौल में किसी जर्मन सैनिक के पास अपनी पत्नी के लिए समय नहीं था। बेचारी मेरियोन या तो घर के पीछे उल्लुओं की आवाज सुनती थी या सामने तोपों के दागे जाने की आवाज पर काँप उठती थी। उसने एक दिन सैकड़ों फ्रेंच कैदियों के जुलूस को देखा, जिसमें कैदियों को बुरी तरह प्रताड़ित किया जा रहा था। उसका दिल भर आया। उसे इतना डर लगने लगा कि वह अपनी नौकरानी के साथ ही उसके बिस्तर पर सोने लगी।

उसने अपने पापा को पत्र लिखकर निवेदन किया कि वे अपने प्रभाव का इस्तेमाल करके यूरोप में जरूरत की चीजें भिजवाएँ। पर एडिसन की ही दूसरी बेटी मेडेलिन के विचार अलग थे। उसने अपनी माता मीना से कहा कि आज की तारीख

में अमेरिका व जर्मनी एक-दूसरे के कट्टर दुश्मन हैं और ऐसे में जब मेरियोन एक जर्मन से विवाह कर चुकी है तो वह भी हमारी दुश्मन है।

पर मेरियोन को कोई राहत नहीं मिली। वह पागल-सी हो गई। उसका पति भी घोर अवसाद का शिकार हो गया और उसे अस्पताल में भरती कराया गया। मेरियोन ने अस्पताल जाकर देखा कि उसके पति के सारे बाल सफेद हो चुके हैं। उसका वैवाहिक जीवन मात्र सैंतालीस वर्ष की आयु में अंधकार में डूब चुका था। दोनों के बीच तलाक की काररवाई प्रारंभ हो गई।

दूसरी संतान टॉम जूनियर का भी बुरा हाल था। वह बहुत ज्यादा शराब पीने लगा था और उसे सिर दर्द की भयंकर शिकायत रहने लगी। उसने अनेक रोजगारों में अपनी किस्मत आजमाई, पर वह असफल रहा। उसकी पत्नी बीट्रिस बहुत समझदार व वफादार थी। क्रिसमस के अवसर पर जब वह अपनी सौतेली सास से मिली तो उसने कहा कि टॉम की हालत बहुत खराब है, पर मेरा प्यार मजबूत है।

अपने माता-पिता के सख्त विरोध के बावजूद मेडेलिन ने सन् 1914 में अपनी पसंद के लड़के जॉन आयरस्लोने से विवाह कर लिया। वे लोग अलग-अलग रहते रहे। सन् 1916 में मेडेलिन माँ बनी और बेटे का नाम 'थॉमस एडिसन स्लोने' रखा गया। उसे प्यार से सभी 'टैडी' कहते थे। दो वर्ष बाद मेडेलिन के दूसरा बेटा जॉन पैदा हुआ।

अब बेटी मेडेलिन का अपने पिता से तनाव रहने लगा। मेडेलिन अपनी माँ का आमंत्रण ठुकरा देती थी और गरमियों में मायके नहीं आती थी। युद्ध के दिनों में वह अपने पति के साथ वाशिंगटन में ही रही।

चार्ल्स ने एम.आई.टी. में पढ़ाई की, पर उसे समझ में नहीं आया कि बाद के वर्षों में इंजीनियरिंग की कौन सी शाखा अपनाए और किस तरह पढ़ाई पूरी करे। उसने पढ़ाई छोड़ दी और अपने पिता की एक कंपनी में काम करने लगा। उसे आरंभ में पंद्रह डॉलर प्रति सप्ताह मिलते थे। उसने एक-एक कर सभी विभागों में काम किया। उसने विक्रय विभाग, लेखा विभाग से लेकर सुरक्षा विभाग तक में काम किया। धीरे-धीरे वह हरफनमौला बन गया। बाद में वह अपने पिता की मुख्य कंपनी थॉमस एडिसन कॉरपोरेशन में काम करने लगा। यहाँ पर उसे पिछले वेतन से 10 डॉलर प्रति सप्ताह ज्यादा मिलने लगे। नई कंपनी में उसने पहला काम लेखा विभाग में किया और फोनोग्राफ रिकॉर्ड की संशोधित लागत की गणना की।

दुर्भाग्यवश चार्ल्स एडिसन भी बधिरता का शिकार हो गया; पर उसने लेखन में अच्छी महारत हासिल कर ली। उसे पियानो बजाने का भी शौक था। वह

अकसर ग्रामीण इलाकों में निकल जाता था और कविताएँ आदि लिखता था। उसे साहित्यकारों व कलाकारों की संगति बहुत अच्छी लगती थी। उसने एक थिएटर कंपनी खोलने की योजना भी बना डाली।

सन् 1915 में थिएटर कंपनी प्रारंभ हुई। इसमें बहुत से कलाकारों की भरती की गई। इसके नाटकों का तरह-तरह से प्रचार-प्रसार किया गया। सप्ताह में तीन दिन रात्रि शो होते थे। पर यह सब करके भी चार्ल्स रात के तीन बजे की गाड़ी पकड़कर सवेरे समय पर अपने कार्यालय पहुँच जाता था।

जब युद्ध आरंभ हुआ तो पिता ने नौसेना के सलाहकार बोर्ड की सेवा आरंभ कर दी थी। बेटे चार्ल्स के अंदर भी देशप्रेम जागा और उसने सेना में भरती होने के लिए आवेदन किया, पर बधिर होने के कारण उसे अवसर नहीं मिल पाया। उसने हार नहीं मानी तथा नौसेना सचिव से निवेदन किया कि उसे देशसेवा का अवसर दिया जाए। नौसेना सचिव डेनियल ने सलाह दी कि थॉमस एडिसन की अनुपस्थिति में उनकी कंपनी सँभालना ही सबसे बड़ी सेवा होगी।

अपने पिता की अनुपस्थिति में चार्ल्स ने अनेक प्रकार के काम, जैसे—बैटरी विभाग, फोनोग्राफ विभाग, डिक्टाफोन विभाग, सीमेंट विभाग, घरेलू उत्पाद विभाग आदि सँभाले। शीघ्र ही उसे अनुभव हुआ कि उसके पिता ने इतने सारे विविधतापूर्ण विभाग कायम कर रखे हैं और इसी कारण से हमें काम ज्यादा करना पड़ता है और मुनाफा कम होता है।

उसने प्रबंधन का विकेंद्रीकरण किया और सहायक सेवाओं के लिए एक अलग विभाग खोल दिया। उसे उम्मीद थी कि इससे कंपनी के ओवर हैड कम होंगे। वह विक्रय प्रतिनिधियों से सीधे रिपोर्ट लिया करता था। जब थॉमस एडिसन को अपने बेटे के प्रयासों के बारे में पता चला तो उसे प्रसन्नता हुई। उसे लगा कि युद्ध के बाद जब वह वापस जाएगा तो उसे अपनी कंपनी नए स्वरूप में मिलेगी।

उन्हीं दिनों चार्ल्स ने अपनी छह साल पुरानी प्रेमिका और कॉलेज की सहपाठिन से विवाह कर लिया। कैरोलिन हॉकिंग्स नामक इस युवती की माता भी युद्ध के दौरान राहत कार्यों के लिए पूरी तरह से समर्पित थी।

थॉमस एडिसन को जब पुत्र के विवाह की सूचना मिली तो वह तार द्वारा बधाई देने के अलावा कुछ नहीं कर पाया। उसने हँसी-हँसी में यह भी लिखा कि यह अग्रिम मोरचे पर खाई में बैठकर लड़ने जैसा ही होगा। बहन मेडेलिन व बहनोई जॉन भी वाशिंगटन में थे और चार्ल्स के विवाह समारोह में शामिल नहीं हो पाए। 27 मार्च, 1918 को हुई शादी के पश्चात् नवदंपती स्टीमर द्वारा हनीमून मनाने चले गए।

□

बेटे द्वारा दिखाई प्रगति

दूसरे विश्वयुद्ध और उसके बाद के दो वर्षों में एडिसन की कंपनी की कमान बेटे चार्ल्स के हाथों में रही। व्यापार प्रबंधन में चार्ल्स ने पिता की अपेक्षा बेहतर प्रदर्शन किया। सन् 1915 से 1920 की अवधि में कंपनी द्वारा दर्ज बिक्री के आँकड़े लगातार बढ़ते रहे और दुगुने से अधिक हो गए। सरकार से बैटरी के क्रय आदेश लगातार आते रहे और फोनोग्राफ के भी ग्यारह मॉडल बाजार में उतारे गए, जिनमें से सबसे कम कीमतवाला मॉडल 95 डॉलर का था और अधिकतम कीमतवाला 450 डॉलर का। थलसेना व नौसेना के लिए अत्यंत सस्ते मॉडल तैयार किए गए थे और जवानों को मनोरंजन प्रदान करने के लिए एडिसन के प्रयास को देशभक्ति का एक नमूना बतलाया गया था। अकेले सन् 1917 में ही ढाई लाख डिस्कवाले फोनोग्राफ बेचे गए।

पर युद्ध के दौरान चीजों—विशेष रूप से कच्ची सामग्री—के दाम बहुत बढ़ गए थे। रसायनों की कीमतों में बेतहाशा वृद्धि हो गई थी। मूल्य-वृद्धि के मद्देनजर वेतन में भी वृद्धि करनी पड़ी थी। बीच-बीच में हड़तालों का भी सामना करना पड़ा था, फिर भी एडिसन की कंपनी का मुनाफा बढ़ता ही गया।

सेना की सेवा से लौटकर आने पर एडिसन ने अब अपना कार्यभार कम कर दिया था। वह अपने घर से सवेरे आठ से साढ़े नौ बजे के बीच निकलता था। आने-जाने के लिए उसके पास एक खुली कार थी। वह नियम से कारखाने में प्रवेश करते समय अपना कार्ड पंच करता था। वह अपने युवा अधिकारियों को लगातार प्रोत्साहित करता था।

लोग अकसर यह देखकर चौंकते थे कि एडिसन के अधिकारी बार-बार

उसके चेहरे की ओर झुकते थे, मानो चूमने की कोशिश कर रहे हों, किंतु वे बधिर एडिसन के कान में अपनी बात कहने का प्रयास करते थे। एडिसन अपने कान के पास हथेली का कप बनाया करता था, ताकि उनकी बात सुन ले। एडिसन कुछ सिर हिलाकर और कुछ बोलकर जवाब देता था।

एडिसन के अधिकारी अपने आपको भाग्यशाली मानते थे कि उन्हें एक महान् वैज्ञानिक के साथ काम करने का अवसर मिला। एडिसन भी अभिभावक की तरह कारखाना परिसर में उनकी देख-रेख करता था। हालाँकि अब उसकी कंपनी में एक कार्मिक विभाग स्थापित हो गया था, पर एडिसन ने अपने लोगों की देख-रेख में कोई कमी नहीं रहने दी। वह सही कार्य के लिए सही व्यक्ति की तलाश में जुटा रहता था।

अनेक लोग सेना से अल्पकालिक सेवा के बाद अवकाश लेकर आते थे। तकनीकी अनुभववाले ऐसे लोगों की वह अनेक प्रकार से मदद करता था। वह भरती के लिए आयोजित साक्षात्कार स्वयं लेता था और अंतिम चयन पर पूरा नियंत्रण रखता था।

पर जब कोई व्यक्ति उसे कंपनी का सर्वेसर्वा कहता था तो वह उसे स्वीकार नहीं करता था। वह अपने आपको पूरी मशीन का एक पहिया मात्र मानता था। पर कई बार वह लीक से हटकर फैसले ले लेता था। फोनोग्राफ के सेल्समैनों की नियुक्ति के समय उसके लक्ष्य दूरगामी होते थे।

एडिसन ने अपने जीवन में परिवर्तन काल भी देखा। उसी के सामने रेडियो आया और दुनिया तारों के काल से बेतार के काल में प्रवेश कर गई। इससे उसे प्रारंभ में बेचैनी भी हुई और उसे लगा कि इससे उसके फोनोग्राफ व्यवसाय पर प्रभाव पड़ेगा। अपने एक लेख में उसने इसकी आलोचना भी की। उसने रेडियो के लिए की जानेवाली रिकॉर्डिंग में बहुत सी खामियाँ निकालीं। पर शीघ्र ही उसने स्थिति को स्वीकार कर लिया और अपने उत्पादों को और सशक्त बनाने का अभियान छेड़ दिया।

उसने अपने उत्पादों को बेचने की व्यवस्था को चुस्त-दुरुस्त बनाने हेतु अधिकारी चयन प्रक्रिया को मजबूत बनाया। वह लिखित परीक्षा आयोजित करने लगा, जिसमें अभ्यर्थी को एक सौ पचास प्रश्नों का उत्तर ढाई-तीन घंटों में देना होता था। इन प्रश्नों में सामान्य पाठ्यक्रमों के प्रश्नों के अलावा अनेक सामान्य ज्ञान संबंधी प्रश्न भी होते थे, जैसे—वोल्गा नदी कहाँ बहती है? विश्व की सबसे बड़ी दूरबीन कहाँ लगी है? छपाई का आविष्कार किसने किया था?

वह इस बात पर भी ध्यान देता था कि आवेदक की याददाश्त कितनी तेज है। वह सही निर्णय शीघ्रता से ले सकता है। वह गंभीरता से जाँच करता था कि व्यक्ति को कितना मालूम है और कितना वह भूल चुका है। वह चाहता था कि व्यक्ति का मस्तिष्क करीने से सजे स्टोर की तरह हो, ताकि वह जरूरत की जानकारी तत्काल निकाल ले।

वह भावी पीढ़ी के भविष्य के बारे में भी चिंतित था। उसे लगता था कि रेडियो के आगमन से भावी नौजवानों पर बुरा प्रभाव पड़ेगा। उस समय के रेडियो प्रसारण में तमाम खामियाँ भी थीं। एडिसन लोगों से कहता कि आप एक ही गीत या एक ही धुन रेडियो व फोनोग्राफ पर सुनें, आपको अंतर स्वयं स्पष्ट हो जाएगा।

पर सन् 1922 के उस दौर में इस महान् देशभक्त वैज्ञानिक की किसी ने नहीं सुनी और 1922 में ही अमेरिका में छह करोड़ डॉलर मूल्य के रेडियो सेट बिक गए। अगले चार वर्षों में ही वह बिक्री बढ़कर पचास-साठ करोड़ डॉलर तक जा पहुँची। अमेरिका के हर तीसरे घर में रेडियो बजने लगा। लोगों को अब संगीत बिना मूल्य उपलब्ध होने लगा। उनकी छतों पर एंटेना लहराने लगे।

उस समय अमेरिका की अर्थव्यवस्था अपने दुर्दिन देख रही थी। उस समय उधार पर बेचने का प्रचलन जोर पकड़ रहा था। शेयर बाजार उतार पर था। विज्ञापन देने का प्रचलन जोरों पर था। इन सभी घटनाओं ने रेड़ियो की बिक्री में योगदान किया।

इन सभी का एडिसन के कारोबार पर बहुत बुरा असर पड़ा। फोनोग्राफ की बिक्री तेजी से कम होने लगी। बेटे चार्ल्स का मत था कि इस क्षेत्र को बिलकुल छोड़ दिया जाए; पर एडिसन ने मैदान में डटे रहने का फैसला किया। उसने अपने फोनोग्राफ में अनेक परिवर्तन किए। डिस्क का व्यास कम किया। उससे निकलनेवाली धुन से भी समझौता किया, पर फिर भी फोनोग्राफ के ग्यारह मॉडलों में से तीन ही बिक पा रहे थे।

अनेक लोगों ने इस संबंध में नए-नए सुझाव दिए, पर इस वृद्ध आविष्कारक ने झुकना स्वीकार नहीं किया। उधर उसके एक-तिहाई पुराने वितरक मैदान छोड़ गए। चार्ल्स की रातों की नींद उड़ गई। उसने फोनोग्राफ विभाग में काम करनेवालों की छँटनी करने का फैसला किया। वृद्ध एडिसन अपनी बात पर अड़ गया। बाप-बेटे में कागजी युद्ध आरंभ हो गया। माँ मीना ने बीच-बचाव किया, अंततः बेटा बाप के सामने झुक गया।

ऐसे वातावरण में किसी भी कंपनी के प्रबंधन में हलचल मच जाती है और

पेशेवर प्रबंधक पलायन करने लगते हैं। युवा प्रबंधक नई नौकरी तलाशने लगे। चार्ल्स ने पिता को सावधान किया। एडिसन ने नए लोगों की तलाश आरंभ कर दी।

कुल मिलाकर समस्याएँ एडिसन के सामने मुँह फाड़ती चली गईं। पुराने अनुभवी लोग उसे छोड़कर जाते रहे। बैटरी विभाग में कच्ची सामग्री महँगी होती चली गई। वितरकों से आनेवाले धन में तेजी से कमी होती चली गई। अनबिके रिकॉर्ड दुकानदार काम चलाऊ पैक करके वापस करते रहे, जो टूटी अवस्था में मिलते थे।

अब एडिसन ने हर चीज की खुद जाँच करने का निर्णय किया। वह अब अपने पुराने-से-पुराने अधिकारियों को भी समय-समय पर जाँचने व डाँटने लगा। इससे स्थिति और भी बिगड़ती चली गई। बाजार का भी बुरा हाल था। लोगों की क्रय-शक्ति घटती चली जा रही थी।

सन् 1926 में थॉमस एडिसन की दूसरी शादी की चालीसवीं वर्षगाँठ मनाई गई। पर इस अवसर पर बेटा चार्ल्स अपने औद्योगिक साम्राज्य की गिरती हालत से बेचैन था। उसे लगता था कि इन सब घटनाओं की जिम्मेदारी अब उसपर पड़ेगी और उसके पास दुनिया को अच्छी खबर देने के लिए कुछ भी बचा नहीं है।

ऐसे में माँ मीना ने बहुत समझदारी से काम लिया। हालाँकि उसकी तीनों संतानें—मेडेलिन, चार्ल्स व थियोडोर—उसे लगातार समझाती रहीं कि वह अपने आपको भी समय दे तथा विश्राम भी करे, पर उसने न सिर्फ पति का साथ दिया वरन् अनेक सामाजिक कार्यों का दायित्व भी स्वयं ले लिया।

उसने शहर को साफ-सुथरा रखने, सजाने, अनावश्यक शोर कम करने, नदियों में मछलियों का संरक्षण करने जैसे दायित्व भी लिये। वह अनेक संस्थाओं की अध्यक्ष भी बनी और विभिन्न पदों पर कार्य करते हुए उसने वन्य-जीव संरक्षण के क्षेत्र में एक मिसाल कायम की।

मीना ने बागबानी के क्षेत्र में तरह-तरह के अनुसंधान भी किए और अनेक रंगों व खुशबुओं के गुलाब विकसित्त क्रिए। अपने सामाजिक कार्यों के लिए वह अपने पति की कमाई पर निर्भर नहीं रही, वरन् उसने संगीत कार्यक्रमों, नाटकों, पार्टियों आदि के जरिए शहर के सौंदर्यीकरण कार्यक्रम के लिए धन जुटाया।

समय के साथ मीना अनेक सामाजिक संगठनों के साथ जुड़ गई और उसने जीवन को अधिक नैतिक बनानेवाले कार्यक्रमों में भी भाग लेना प्रारंभ कर दिया। वह रेडक्रॉस की स्थानीय शाखा की भी संस्थापक बनी। उसने महिलाओं व अनाथ बच्चों के कल्याण कार्यक्रमों में भी भाग लिया। कुछ संस्थाओं का कार्यभार उसने

लगभग पच्चीस वर्षों तक सँभाला।

उधर आविष्कारों के जरिए एडिसन ने देशभक्ति का प्रदर्शन किया था और इधर सामाजिक कार्यों के जरिए मीना अपनी देशभक्ति का उदाहरण प्रदर्शित कर रही थी। वह अपने घर व पति की भी देखभाल करती रही और अपने घर पर तथा बाहर तरह-तरह के सामाजिक आयोजन भी करती रही। कई बार इस प्रकार के सामाजिक आयोजनों से थॉमस एडिसन बेचैन हो जाता था; पर वह कुछ नहीं कहता था, क्योंकि उसे पता था कि इससे उसकी छवि भी निखर रही है।

मीना भी जानती थी कि थॉमस एडिसन उन्हीं कामों को पसंद करता है, जिनमें मुनाफा होता है। पर चूँकि उसके कामों के जरिए संपर्क का दायरा बढ़ रहा था, अतः उसके सामाजिक कार्य निर्बाध रूप से चलते रहे। उसकी गतिविधियों में स्याम के राजा-रानी, राष्ट्रपति हूवर व उनकी पत्नी, आविष्कारक ओर्विल राइट, चार्ल्स लिंडबर्ग व उनकी पत्नी, हेलेन कीलर, लॉर्ड केल्विन जैसे महापुरुष उसके संपर्क में आए।

मीना को 'हाउस वाइफ' अर्थात् 'गृहिणी' शब्द नहीं भाता था। वह अपने आपको 'हाउस एक्जीक्यूटिव' अर्थात् 'गृह अधिकारी' कहलाना पसंद करती थी। वह चाहती थी कि हर अमेरिकन महिला घरेलू अर्थव्यवस्था का विज्ञान समझे। उसके अनुभव बहुत महत्त्वपूर्ण थे। वह मानती थी कि जब पति तेजी से प्रगति करता है तो घरेलू जीवन में एक शून्य बनने लगता है। अतः यह पत्नी की जिम्मेदारी बनती है कि वह घर की अर्थव्यवस्था को सँभाले और पति के कार्यों में भी सहायता करे।

यह मीना की समझदारी ही थी कि उसके सौतेले व अपने बच्चे सभी मीना से प्रेम करते थे और अपने मन की बात उसके सामने रख देते थे। वह अपने अड़ियल पति को अनेक बातों के लिए राजी भी कर लेती थी। इसका एक कारण उसकी विनम्रता भी थी और वह मानती थी कि उसका महान् पति दुनिया को बहुत कुछ दे रहा है और वह इसमें बहुत थोड़ा योगदान ही कर पा रही है। वह सोचती कि उसके भाग्य में पति की छोटी-मोटी सेवा ही लिखी है। वह अपने पति की पसंद व नापसंद का भी पूरा खयाल रखती थी। एडिसन जब प्रातः सात बजे सोकर उठता था तो वह अपने सामने नौकरानी को नहीं वरन् मीना को देखना पसंद करता था।

तैयार होकर जब वह अपनी प्रयोगशाला जाता तो पहले मीना को बाँहों में भरता और चूमता था। मीना उसे कोट पकड़ाती और प्यार भरी बातों के साथ विदा

करती थी। वापस आने पर भी वह सबसे पहले मीना को ही देखना पसंद करता था और जब वह दिखाई नहीं देती थी तो वह उसका नाम ले-लेकर प्रत्येक कमरे में तलाश करता था।

एडिसन जब आग तापते हुए अखबार पढ़ता था तो उसके परिवार का कोई भी सदस्य, यहाँ तक कि पौत्र-पौत्री भी पास नहीं जा पाते थे। आराम में खलल उसे बिलकुल पसंद नहीं था। उस समय मीना उसकी पसंद का रिकॉर्ड फोनोग्राफ पर लगाती थी।

एडिसन को किसी का जन्मदिन याद नहीं रहता था और इसलिए मीना उसकी डेस्क पर एक छोटी नोटबुक रखती थी, जिसमें जन्मदिनों सहित महत्त्वपूर्ण सूचनाएँ दर्ज होती थीं। एडिसन स्वयं अपनी डाक खोलकर पढ़ता था, पर बाद के दिनों में व्यस्तता के कारण उसने मीना को डाक खोलकर पढ़ने की इजाजत दे दी थी।

मीना अपने पति के कपड़ों का भी पूरा ध्यान रखती थी। पचास सालों तक वह एक ही दरजी से कपड़े सिलवाती रही। वह चाहती थी कि एडिसन हलके व हवादार कपड़े पहने। एडिसन गरमियों में सफेद व सर्दियों में नीले या भूरे कपड़े पहनना पसंद करता था। वह धूम्रपान भी बहुत ही कम करता था। उसे क्यूबा की हॉफमैन सिगार पसंद थी, जो उस समय पच्चीस सेंट की दो मिलती थीं। वह दिन भर में चार सिगार पीता था। छुट्टियों में जब वे घूमने जाते तब मीना उसका विशेष ध्यान रखती थी और इन दिनों वे हाथों से मोर्सकोड में संकेत उत्पन्न करते और एक-दूसरे से उसी तरह बात करते जैसे कि वे विवाह पूर्व प्रेम के दौरान करते थे।

एडिसन का ज्यादातर समय उलझनों में बीतता था, पर जब भी उसे समय मिलता, वह मीना को प्यार अवश्य करता था। इधर एडिसन की स्थिति देखकर मीना ही पहल करती और उसके साथ घुल-मिल जाती थी। जब अन्य लोग, विशेष रूप से उसके अपने तीन बच्चे अपनी माता के अकेलेपन पर सहानुभूति व्यक्त करते तो वह उन्हें उलटे समझाती कि वह अपने पति के सामने तिनके के बराबर है।

सबसे छोटा बेटा थियोडोर सन् 1919 में एम.आई.टी. पढ़ने के लिए गया। उसने सैद्धांतिक भौतिकी में विशेषज्ञता हासिल की। उसका जीवन अपने पिता के जीवन के विपरीत अत्यंत व्यवस्थित था। वह समय पर उठता, समय पर खाता, समय पर खेलता और समय पर पढ़ता था। मीना को अपने मेहनतकश बेटे की बड़ी चिंता रहती थी।

जब थियोडोर को परीक्षाओं में अच्छे अंक मिलने लगे तो उसने अन्य

गतिविधियों में भी हिस्सा लेना आरंभ कर दिया। वह एयरोनॉटिकल इंजीनियरिंग सोसाइटी का कोषाध्यक्ष बना और नियम से तैरने व खेलने जाने लगा। स्केटिंग में उसकी दिलचस्पी बढ़ती चली गई।

पढ़ाकू थियोडोर ने स्नातक की उपाधि बहुत अच्छे अंकों से प्राप्त की, पर उसने अपने पिता की कंपनी में काम करने से मना कर दिया। उसने परास्नातक स्तर की पढ़ाई प्रारंभ की और इंजीनियरिंग स्तर की पढ़ाई शुरू की। उसने इंजीनियरिंग जीव विज्ञान तथा भूगर्भशास्त्र विषय चुने। छुट्टियों में वह घूमने चला जाता। अगले सेमेस्टर में उसने ग्यारह कोर्स चुने और पढ़ाई जारी रखी।

एक बार वह अपने एक मित्र के यहाँ डिनर पार्टी में गया, जहाँ पर उसकी मुलाकात आना नामक एक लड़की से हुई, जो एक जाने-माने प्रोफेसर की बेटी थी। आना की भी टेनिस, तैराकी व स्केटिंग में रुचि थी। वह स्वयं कार चलाती थी और खाना बनाने में भी कुशल थी। संगीत व नाटकों में भी उसकी काफी दिलचस्पी थी। पर वह कभी-कभी बुरी तरह गुस्सा हो जाती थी।

जुलाई 1924 में दोनों विवाह के बंधन में बँध गए। इस प्रकार मीना ने अपना मातृधर्म बड़ी कुशलता से निभाया।

□

दार्शनिक एडिसन व रबर

मृत्यु से पूर्व के अंतिम दशक में सबकुछ उतार पर था। इन दस वर्षों में एडिसन की ओर से मात्र इकतीस पेटेंट आवेदन किए गए। इन दिनों एडिसन सोचता ज्यादा था। उसके सोचने का दायरा भी विशाल था। उसका मानना था कि आनेवाले समय में शिक्षा का प्रमुख माध्यम पाठ्य-पुस्तकें हलकी पड़ने लगेंगी और दृश्य माध्यमों का महत्त्व बढ़ता चला जाएगा।

उसका मानना था कि सिनेमा भविष्य में स्कूली शिक्षा का प्रमुख माध्यम बन जाएगा। अंतिम दिनों में एडिसन ने अपनी कंपनी के अध्यक्ष पद से भी इस्तीफा दे दिया और ज्यादा समय प्रयोगशाला में लगाने लगा। उसे लिखने का शौक तो बचपन से ही था, अतः अंतिम दिनों में वह उसे तेजी से पूरा करने लगा। पर उसके विषय अब अलग तरह के थे। वह यांत्रिक जिंदगी से ऊब चुका था। वह पूछता था कि आखिर अमीर व्यक्ति को समाज से क्या मिलता है।

उसका सारा धन इधर-उधर या दूसरों के कामों में लग जाता है। वह एक आलीशान मकान में अवश्य रहता है और मोटरगाड़ी में चलता है, पर वह दिन में तीन बार ही भोजन कर पाता है। उसे कोई भी अतिरिक्त सुख नहीं मिल पाता है। एडिसन का मानना था कि पैसा मनुष्य को सुखी नहीं बना सकता है। इतना ही नहीं, पैसेवाला अच्छा हमसफर हो, यह भी जरूरी नहीं।

वास्तव में एडिसन ने एक लंबा और विविधतापूर्ण समय देखा था। एक जमाने में उसके पास खाने तक को पैसे नहीं होते थे और एक समय उसके पास पैसे-ही-पैसे थे। उसके साथ उठने-बैठनेवाले लोग विभिन्न प्रभावशाली वर्गों से थे। वह सांसदों, बैंक मालिकों, उद्योगपतियों से मिलता-जुलता था; पर वह यह

कभी नहीं भूलता था कि एक जमाने में वह मात्र कारीगर था।

सन् 1920 के बाद अमेरिका में व्यवसाय करना कठिन हो गया था। एडिसन को भी परेशानी हुई और इसके लिए वह कानून निर्माताओं को दोषी मानता था। वह पढ़ा-लिखा नहीं था, पर अर्थशास्त्र का उसे अच्छा ज्ञान था। अंतिम दिनों में वह पैसे से नफरत भी करने लगा था। वह कहता था कि दुनिया सोने के पीछे भाग रही है और सोना शैतान का आविष्कार है।

वह खीझकर कहता था कि आखिर यह सोना है किस काम का? अन्य धातुओं की तुलना में इसकी उपयोगिता नहीं के बराबर है। फिर भी लोग इसके पीछे मर-कट रहे हैं। वह चेकों, बिलों, नोटों का भी उपहास करता और कहता कि आखिर ये हैं क्या? वादे-ही-वादे हैं। वास्तविक धन तो मानव ऊर्जा है और उत्पादक पृथ्वी। यदि पूजा करनी है तो मिट्टी की करो या मानवता की।

बाद में जब अमेरिकी सरकार ने देश में सोने का भंडार बढ़ाने का निर्णय लिया तो एडिसन ने इसका विरोध किया और कहा कि यह नकली है और कभी भी धोखा दे सकता है। वह चाहता था कि असली धन तो किसानों का परिश्रम है, अत: उसका मूल्य पहले बढ़ना चाहिए, तभी देश की अर्थव्यवस्था मजबूत होगी।

वह चाहता था कि सरकार जीवनोपयोगी पदार्थों, जैसे—कपास, गेहूँ, ऊन, मूँगफली, सेब आदि का सुरक्षित भंडार खड़ा करे और साथ में कोयले जैसे पदार्थों का भंडार भी। इससे देश की दीर्घकालिक प्रगति होगी। उसके अनुसार कामगारों का पसीना नौकरशाहों के आदेशों से अधिक कीमती होता है। वह मानता था कि सोने के भंडार के आधार पर कागजी मुद्रा का मूल्यांकन गलत है। मूल्यांकन का आधार बदलना चाहिए।

अंतिम दिनों में एडिसन के चिंतन का आधार मजबूत होता गया। वह मानने लगा था कि वाहन उद्योग देश का स्वरूप बदल देगा। उसने तीव्र गति के वाहनों, भूमिगत वाहनों आदि की कल्पना कर डाली थी। उसके अनुसार रात्रि की रेलगाड़ियाँ अधिक सफल होंगी। पैसा बचाने के लिए हवाई सेवा व हेलीकॉप्टर सेवा की भी उसने वकालत की।

उसने मशीनीकरण को और बढ़ाने पर जोर दिया और कहा कि कुलियों का चलन बंद होना चाहिए। उसे आविष्कारकों का भविष्य भी उज्ज्वल लग रहा था। उसका मानना था कि लोग नए ज्ञान, नए अनुभव, नई खुशियों, आराम की तलाश में हमेशा रहेंगे और इससे आविष्कारकों की जरूरत सदैव बनी रहेगी।

ज्यों-ज्यों एडिसन की आयु बढ़ती रही, उसके चिंतन का दायरा भी बढ़ता

रहा। वह पृथ्वी के बाहर ब्रह्मांड के बारे में चिंतन करने लगा। वह मृत्यु के बाद जीवन पर भी चिंतन करने लगा। उसने सत्रहवीं सदी के एक दार्शनिक लिबनिज के विचारों के बारे में पढ़ा था, जिसमें आध्यात्मिक बल या ऊर्जा के बारे में बतलाया गया था। उसने अनेक दार्शनिकों की रचनाओं का अध्ययन किया, जिनमें स्वर्ग-नरक, निश्चित-अनिश्चित, दृश्य-अदृश्य आदि के बारे में चर्चा की गई थी।

एडिसन माइकेल फैराडे को अपना आदर्श मानता था। फैराडे ने भी लिखा था कि ब्रह्मांड की कुल ऊर्जा निश्चित है और इस प्रकार रासायनिक, विद्युत् व चुंबकीय ऊर्जा एक-दूसरे से संबंधित हैं। उस समय ऊर्जा के संरक्षण का सिद्धांत प्रचलित था।

जीवन भर काम के पीछे भागनेवाला और काम के लिए सबकुछ त्यागनेवाला एडिसन अंतिम दिनों में वैरागी-सा हो गया था। वह कहता था कि लोग कहते हैं कि मैंने तमाम चीजें बनाईं, पर मैंने क्या बनाया?

अंतिम दिनों में भी एडिसन के परिवार में उथल-पुथल चलती रही। उसकी छह संतानें अलग-अलग प्रकार का जीवन व्यतीत कर रही थीं। बड़ी बेटी मेरियोन का अपने जर्मन पति से तलाक हो गया था। वह वापस अपने पिता के घर आ गई। वह अपने भाइयों व भाभियों से मिली। पिता से भी वह बातचीत करना चाहती थी; पर वह इतनी शर्मिंदा थी कि उसकी हिम्मत नहीं पड़ी।

एडिसन ने अपनी इस पहली संतान के लिए एक बँगला व डेढ़ एकड़ जमीन खरीदी। मेरियोन वहाँ रहने लगी और उसने अपने जीवन के अगले इकतालीस वर्ष कुछ अलग ही तरीके से गुजार दिए। वह बहुत सवेरे उठ जाती थी और अपने सारे काम खुद ही करती थी। वह पढ़ाई में ज्यादा समय बिताती थी। वह पार्टियों आदि में भी नहीं जाती थी, पर वह अपनी सौतेली माँ मीना से मिलने कभी-कभी अवश्य आया करती थी।

दूसरी संतान टॉम जूनियर प्रथम विश्वयुद्ध तक अलग रहा, पर बाद में उसने अपनी सौतेली माँ की पहल पर अपने पिता से समझौता कर लिया था। वह अपने पिता की कंपनी में नौकरी करने लगा था। वह आनेवाले पेटेंटों के आधार पर उत्पाद विकसित करने की संभावना पर गहराई से विचार करता था। उसे अपने सौतेले छोटे भाई के साथ काम करने में कोई आपत्ति नहीं थी। पर उसे अकसर ऐसा लगता था कि चार्ल्स पर काफी बोझ है और वह इसका उल्लेख अपनी सौतेली माँ मीना से करता था।

तीसरा पुत्र विलियम लेस्ली अलग ही रहता रहा। मीना की कोशिशों से वह

अपनी पत्नी के साथ कभी-कभी अपने पिता के घर आ जाया करता था। विलियम अपना फार्म चलाता रहा और बाद में उसने रेडियो की छोटी सी दुकान भी खोल ली। उसे पता था कि उसके पिता को रेडियो से नफ़रत थी, पर उसने इसकी परवाह नहीं की।

चौथी संतान मेडेलिन अपने पति के साथ रहती रही। उसने तीन लड़कों को जन्म दिया। बड़े का नाम टॉम ही था। मेडेलिन को अकसर पैसों की सख्त जरूरत पड़ जाती थी और वह अपने पिता से माँगती रहती थी। वह यह भी कोशिश करती थी कि उसके सौतेले भाई उससे दूर ही रहें। वह इस संबंध में अपनी माता की बात भी नहीं मानती थी। पर वह अपने पिता के गुस्से से डरती थी। अपने परिवारवालों को वह अपने ही सबसे छोटे भाई थियोडोर तथा उसकी नवविवाहिता पत्नी के खिलाफ भड़काने का प्रयास करती थी।

थियोडोर अत्यंत प्रतिभावान् था और वह स्वतंत्र रहना चाहता था। यह बात भी मेडेलिन को खटकती थी। थियोडोर भी उसकी परवाह नहीं करता था। पर चार्ल्स को मेडेलिन से सहानुभूति थी। चार्ल्स उसका भी ध्यान रखता था और अपने माता-पिता का भी।

उन दिनों अमेरिका बदल रहा था। मशीनीकरण जोरों पर था। हालाँकि थॉमस अल्वा एडिसन अब अस्सी वर्ष के हो चुके थे, पर फिर भी नई चीजों को जानने-समझने और करने की उनकी भूख कम नहीं हुई थी। इस आयु में भी एडिसन ने एक नए प्रयोग की शुरुआत कर दी। यह था रबर।

वे इस पदार्थ के बारे में एक अरसे से सोच रहे थे। सन् 1915 में उनका ध्यान इस पदार्थ पर गया था और उन्हें मालूम था कि रबर उत्पादकों को अपने देश की जरूरतों को पूरा करने के लिए विदेशी बाजारों व विदेशी सामग्री की आवश्यकता होती है।

उधर एडिसन के मित्र हेनरी फोर्ड भी इस समस्या से जूझ रहे थे, क्योंकि उनके ऑटोमोबाइल उद्योग में भी रबर की काफी आवश्यकता पड़ती थी। उन्हें यह भी लग रहा था कि भविष्य में रबर की माँग और बढ़ेगी, क्योंकि साइकिलों व अन्य प्रकार के निजी वाहनों का चलन बढ़ेगा। प्रथम विश्वयुद्ध में जब आर्थिक नाकेबंदी कारगर रूप से हुई तो इस समस्या ने गंभीर रूप ले लिया।

अब कृत्रिम रबर विकसित करने की परियोजना युद्ध स्तर पर प्रारंभ हो गई। फोर्ड, फायरस्टोन, जॉन बरोज, एडिसन जब सन् 1919 में दूर-दूर तक भ्रमण के लिए जाते थे तो और लोग तो अन्य प्रकार के आनंद लेते थे, पर एडिसन नए प्रकार

के रबर की तलाश में जुटे रहते थे।

इसके बाद रबर के विकास की परियोजना आरंभ हो गई। फायरस्टोन ने लाइबेरिया में ग्यारह सौ एकड़ का एक बाग खरीदा और काम शुरू कर दिया। हेनरी फोर्ड ने सत्रह हजार एकड़ का जमीन का टुकड़ा ब्राजील में अमेजन नदी की घाटी में खरीदा। ये लोग मलेशिया व श्रीलंका से रबर की कलमें ले आए और उन्हें वहाँ पर लगाया। इसके साथ ही बड़े पैमाने पर रबर का उत्पादन प्रारंभ हो गया। इससे अमेरिका में रबर थोड़ा सस्ता हो गया। इनकी देखा-देखी हाइटी व पनामा में भी रबर उत्पादन आरंभ हुआ तथा रबर पर नियंत्रण हेतु ब्रिटिश कानून भी लचीला बना दिया गया।

पर एडिसन अभी भी संतुष्ट नहीं थे। उन्हें लग रहा था कि अभी इस मामले में भी अमेरिका विदेशों पर निर्भर है। उन्हें यह भी लग रहा था कि आखिर रबर एक कार्बनिक पदार्थ है, इसे प्रयोगशाला में क्यों नहीं बनाया जा सकता है। उन्होंने सन् 1920 के दशक के मध्य में अनेक प्रकार के प्रयोग प्रारंभ किए।

आरंभ में उन्होंने एक वैक्यूम पंप तैयार किया, जो रबर के पेड़ों के दूध को तेजी से खींच लेता था। धीरे-धीरे उन्होंने अनेक प्रकार के पेड़ों की छालों के नमूने एकत्रित किए और प्रयोगशाला में उनपर प्रयोग आरंभ किए।

एडिसन अपने हर जन्मदिन पर किसी नए आविष्कार के बारे में बतलाते थे। अपने अस्सीवें जन्मदिवस पर वे अति प्रसन्न थे, क्योंकि उनके रबर के पेड़ों संबंधी प्रयोग सफल रहे थे। उन्होंने इस अवसर पर आए पत्रकारों को अपने तीन एकड़ प्लॉट में लगे पेड़ों का दर्शन कराया और घोषणा की कि मैंने 'एडिसन बोटेनिक रिसर्च कॉरपोरेशन' की स्थापना की है और जल्दी ही यह उद्योग-जगत् में क्रांति ला देगा। उन्होंने यह भी बताया कि अब उनका विकसित घरेलू रबर ही फोर्ड की कारों के टायरों में लगेगा।

और सचमुच एडिसन ने यह कर दिखाया। सारा अमेरिका एडिसन के इस आविष्कार से चमत्कृत हो गया। एडिसन ने तमाम ऐसे पौधों व झाड़ियों की पहचान कर डाली, जिनसे रबर का दूध निकलता था। अब उनका उपयोग भी जोर-शोर होने लगा।

पर इसके लिए एडिसन को गहन अध्ययन भी करना पड़ा। उन्होंने उद्यान शास्त्र का विश्वकोश पूरा पढ़ डाला, जो तीन खंडों का था तथा उसमें छत्तीस सौ से अधिक पृष्ठ थे। एडिसन ने अंतिम दिनों में इसके पन्ने कई-कई बार पढ़ डाले और पेंसिल से उन पंक्तियों को रेखांकित किया, जो उपयोगी थीं और अब एडिसन

ने औरों को भी प्रेरित किया कि वे इन वनस्पतियों को उगाएँ। उन्होंने स्वयं भी लोगों को प्रेरित किया तथा विशेषज्ञों की सहायता से भी प्रेरित करवाया। अनेक विशेषज्ञों ने उनके बोटेनिकल गार्डन में अनुसंधान किया। एडिसन ने उनके लिए एक अस्थायी प्रयोगशाला की व्यवस्था अपने गार्डन में ही कर दी। उन्होंने स्वयं तरह-तरह के चित्र व नक्शे तैयार किए तथा छालों आदि के नमूने एकत्रित किए, जिन्हें बाद में पीसकर जाँचा गया।

एडिसन का रबर संबंधी अनुसंधान इतना गहन व गजब का था कि उसकी कुल अनुसंधान संबंधी नोटबुकों में से पाँच सौ तीस नोटबुकें सिर्फ रबर पर थीं। जो विशेषज्ञ यहाँ पर अध्ययन या अनुसंधान हेतु आते थे, वे चमत्कृत हो जाते थे। अनेक लोग तो बार-बार आते थे और वहाँ पर स्थित व्यवस्था व आवभगत दोनों का लाभ उठाते थे।

एडिसन के इस बागबानी संबंधी कार्य से न सिर्फ अमेरिका के चालीस राज्य वरन् कनाडा व दक्षिणी अमेरिका लाभान्वित हुए। हजारों प्रजातियों की वनस्पतियाँ चिह्नित हुईं और रबर उद्योग में भूचाल-सा आ गया। उधर एडिसन ने अपनी उद्यान प्रयोगशाला को और विकसित किया। अब उसमें तरह-तरह के कंक्रीट के ढाँचे बनाए गए, जिनमें तापमान नियंत्रित होता था और धूल कणों से पूरा बचाव किया जाता था। लंबे समय तक यह प्रयोगशाला विश्व की इस किस्म की सबसे बड़ी प्रयोगशाला बनी रही।

इस प्रयोगशाला में बहुत तेजी से काम होता था। नमूनों को गरम करके सुखाया जाता था और फिर अच्छी तरह मिलाकर एसीटोन की सहायता से रबर के अलावा अन्य पदार्थ अलग कर लिये जाते थे। बाद में बेंजोल की प्रतिक्रिया से इसका रबर तैयार किया जाता था।

एडिसन के सहायक प्रतिदिन उपर्युक्त रबर के कम-से-कम पचास नमूने तैयार करके उन्हें देते थे, जिनका वे स्वयं निरीक्षण किया करते थे। वे तैयार रबर के रंग, भौतिक गुण, लचीलेपन आदि का अध्ययन करते थे। यदि परिणाम संतोषजनक होता था तो वे उस इलाके के प्रतिनिधि को निर्देश देते थे जहाँ से कच्ची सामग्री आई थी कि वह आगे की जाँच के लिए और नमूने लेकर आए।

धीरे-धीरे उन्होंने रबर तैयार करने की प्रक्रिया को और सरल बना दिया तथा उसमें होनेवाली गतिविधियों को न्यूनतम कर दिया। एडिसन के इन प्रयासों का अमेरिकी उद्योग-जगत् पर गहरा प्रभाव पड़ा। इस आयु में प्राप्त सफलता से दोनों बेटे चार्ल्स व थियोडोर भी अत्यधिक प्रभावित हुए। पर उन्हें उनसे अपेक्षाएँ

भी ज्यादा होने लगीं तथा वे शिकायत करने लगे कि अब पापा सिर्फ रबर पर ध्यान दे रहे हैं और कारखाने के अन्य उत्पादों की ओर नहीं देख रहे हैं। प्रतिक्रिया-स्वरूप उन्होंने अन्य उत्पादों के संबंध में सूचनाएँ भी अपने पिता को भिजवानी बंद कर दीं। पर एडिसन इससे अविचलित ही रहे। उन्होंने कहा कि जब वे किसी जटिल समस्या को हल करने में जुटते हैं तो उन्हें अन्य बातों का ध्यान ही नहीं रहता है।

सन् 1928 में इक्यासी वर्ष की आयु में उन्होंने एक नई प्रयोगशाला तैयार करवाई, जिसे वे मजाक में 'जंगल प्रयोगशाला' कहते थे। यहाँ पर वे अंतिम समय तक रबर संबंधी अध्ययन व प्रयोग करते रहे।

□

अजायबघर

आयु बढ़ती रही और एडिसन उसके अनुसार अपनी जीवन-शैली बदलते रहे। मीना एडिसन की सहनशीलता भी बढ़ती रही और वह अपने पति का साथ हर पल निभाती रही। उसने अपना अस्तित्व खो दिया था और एडिसन का ही एक हिस्सा बन चुकी थी।

अब अनेक लेखक उनके जीवन के अलग-अलग पहलुओं को कलमबद्ध करने उनके पास आते रहते थे। अमेरिकी राष्ट्रपति उनकी भूरि-भूरि प्रशंसा करते थे। उनके अनुसार, एडिसन तो पूरी मानवता के सेवक हैं, पर अमेरिका को उनपर विशेष गर्व है। उन्होंने लोगों के जीवन में व्यापक परिवर्तन ला दिया है।

पर एडिसन का घरेलू मोरचा इतना सहज व सरल नहीं था। बेटा चार्ल्स चाह रहा था कि एडिसन कॉरपोरेशन रेडियो के क्षेत्र में उतरे। पर एडिसन को इस बात पर गुस्सा आ जाता था। वे कह बैठते कि यदि तुम बेवकूफी करना चाहते हो तो करो, मैं कह रहा हूँ कि इससे कोई फायदा नहीं होगा।

बेटे चार्ल्स व थियोडोर ने इसे अपने वृद्ध पिता की अनुमति मान लिया और जनवरी 1929 में दोनों भाइयों ने एक दिवालिया कंपनी को खरीदने का फैसला किया, जिसके पास रेडियो निर्माण का पहले से ही लाइसेंस था। उन्होंने उस कंपनी का सारा कर्ज उतार दिया और रेडिया-निर्माण आरंभ कर दिया।

पर एडिसन कॉरपोरेशन द्वारा निर्मित रेडियो विशालकाय थे और कीमत एक हजार डॉलर थी, जबकि बाजार में उस समय छोटे-छोटे रेडियो आ गए थे। बेटों द्वारा बनाया गया नकल पर आधारित रेडियो पिट गया और मात्र अठारह महीनों में उन्हें रेडियो का कारोबार समेटना पड़ गया।

नुकसान से आहत बेटों ने अब अपने पिता के पदचिह्नों पर चलना आरंभ किया और नए सिरे से नए उत्पादों की डिजाइन तैयार करना शुरू किया। उधर थॉमस एडिसन ने अब सामाजिक गतिविधियों में ज्यादा-से-ज्यादा भाग लेना आरंभ कर दिया था। उन्होंने एक दीक्षांत समारोह आयोजित में बहत्तर छात्र-छात्राओं को डिप्लोमा प्रदान किया।

जब बिजली के बल्ब के आविष्कार की स्वर्ण जयंती मनाई गई तो इस अवसर पर 2 सेंट का एक डाक टिकट जारी किया गया। उस समय की यह एक बड़ी घटना थी और इस अवसर पर अनेक कवि सम्मेलन व समारोह आयोजित हुए, जिनका केंद्रबिंदु एडिसन ही थे और उनके सम्मान में तमाम काव्य-रचनाएँ तैयार की गईं और पढ़ी गईं।

एडिसन की नोटबुकें अंतिम समय तक उनकी हमसफर बनी रहीं। सन् 1929 की गरमियों में उनकी नोटबुकों में रबर के उपयोग की संभावनाओं का व्यापक उल्लेख था। उन्होंने अब तक वे सब उपयोगी पेड़ व वनस्पतियाँ चिह्नित कर ली थीं, जिनसे दूध निकलता था और जो रबर के निर्माण में काम आ सकती थीं। एडिसन के कहने से किसान इन पेड़ों व वनस्पतियों का बड़े पैमाने पर उत्पादन करने लगे थे।

इसके अलावा रबर निर्माण प्रक्रिया को सस्ता व कीमत प्रभावी बनाने हेतु भी अनेक उपाय सफल हो चुके थे। इस आयु में भी एडिसन अपनी रोजाना की सफलता का लेखा-जोखा रखते थे।

24 जुलाई, 1929 में एडिसन के ससुर अर्थात् मीना मिलर के पिता लेविस मिलर की जन्म-शताब्दी मनाई गई। एडिसन ने इस अवसर पर सक्रिय भूमिका निभाई। मीना ने इस अवसर पर जो समारोह किया उसमें श्री व श्रीमती फोर्ड, श्री व श्रीमती फायरस्टोन तथा अन्य गण्यमान्य व्यक्ति शामिल हुए। ये कार्यक्रम लंबे चले और एडिसन को लगातार फोटो भी खिंचवानी पड़ी तथा अनगिनत लोगों से अभिवादन करना पड़ा व हाथ मिलाना पड़ा। वृद्ध शरीर ये औपचारिकताएँ झेल नहीं पाया और समारोहों के पूरा होने पर जब वे अगस्त में अपनी प्रयोगशाला लौटे तो उन्हें ठंड का प्रकोप सहना पड़ा और न्यूमोनिया के लक्षण दिखाई देने लगे। तीन सप्ताह तक बिस्तर पर पड़े रहने के पश्चात् ही कुछ स्वास्थ्य-लाभ हुआ।

उन्हीं दिनों हेनरी फोर्ड की प्रेरणा पर आठ एकड़ जमीन में एक औद्योगिक अजायबघर का निर्माण हुआ, जिसका नाम सन् 1929 के अंत में 'एडिसन संस्थान' रखा गया। इसमें अनेक आविष्कारों के मॉडलों को सजाकर रखा गया था। इसमें

एडिसन की पुरानी मेनलो पार्क स्थित प्रयोगशाला की छोटी अनुकृति रखी गई थी। इसके निर्माण के लिए अनेक प्रयास किए गए थे। एडिसन द्वारा इस्तेमाल की गईं प्रेसों, लेथ मशीनों, इंजनों को भी रखा गया था और सन् 1880 के दशक में बिजली के बल्ब व फोनोग्राफ़ से संबंधित प्रयोग भी बड़ी कुशलता से दरशाए गए थे।

धीरे-धीरे अजायबघर सजता चला गया। अब उसे नई इमारत में ले जाने की आवश्यकता पड़ी। जब उसकी लागत का आकलन किया गया तो लगा कि 20 लाख डॉलर की आवश्यकता पड़ेगी। एक बड़े हॉल के निर्माण की योजना बनी, जिसमें एक सौ अस्सी खंभे होंगे। कुल फ्लोर क्षेत्र 3 लाख 50 हजार वर्ग फीट रखने की योजना बनाई गई। यह माना गया कि जो भी इस अजायबघर को एक बार देख लेगा, उसके मस्तिष्क में अमेरिकी वैज्ञानिक व औद्योगिक विकास की प्रक्रिया की छवि अंकित हो जाएगी।

पर उपर्युक्त गतिविधियों का एडिसन के परिवार पर अनुकूल प्रभाव नहीं पड़ा। बच्चे सोचने लगे कि उनके पिता अब सार्वजनिक व्यक्तित्व बनते चले जा रहे हैं। उधर, मीना हेनरी फोर्ड को पसंद नहीं करती थी। बेटे थियोडोर को भी लगता था कि हेनरी फोर्ड उनके पिता का इस्तेमाल अपने निजी प्रचार के लिए ज्यादा कर रहे हैं। मीना चाहती थी कि अब इस आयु में एडिसन को आध्यात्मिक गतिविधियों में अधिक समय लगाना चाहिए।

पर फिर भी योजनाएँ जारी रहीं। बेमन से ही सही, एडिसन परिवार शामिल हुआ। उद्घाटन पट्टिका पर राष्ट्रपति हूवर और उनकी पत्नी का भी नाम अंकित हुआ। जब रेलगाड़ी सभी को लेकर अजायबघर के स्थल की ओर रवाना हुई तो एडिसन ने अपनी सड़सठ वर्ष पूर्व की भूमिका निभाई और फलों, पत्रिकाओं, अखबारों की टोकरी उठाकर उन्हें बेचने का उपक्रम किया।

इस अवसर पर मीना, एडिसन की संतानें, नाती-पोते शामिल हुए थे; पर पूर्व पत्नी की संतानें मेरियोन, टॉम जूनियर, विलियम लेस्ली आदि नहीं आए और इससे लोगों को चर्चा का अवसर मिल गया। पर प्रख्यात वैज्ञानिक मैडम क्यूरी, उद्योगपति रॉकफेलर, आविष्कारक जॉर्ज ईस्टमैन सहित अनेक गण्यमान्य व्यक्ति वहाँ मौजूद थे।

जनरल इलेक्ट्रिक के अध्यक्ष ओवन यंग ने इस अवसर पर थॉमस अल्वा एडिसन की भूरि-भूरि प्रशंसा करते हुए कहा कि वे ऐसी अग्नि हैं जिस पर किसी भी तरह काबू नहीं पाया जा सकता है। इस अवसर पर एडिसन द्वारा दिए गए वक्तव्य का प्रारूप बेटे चार्ल्स ने तैयार किया था। उन्होंने कहा कि जब वे मेरा

सम्मान कर रहे हैं तो वास्तव में यह सम्मान मेरे उन साथी कामगारों का है, जिन्होंने मेरे साथ मेरे लिए काम किया। विशेष बात यह थी कि उस अवसर पर अनेक ऐसे लोग भी थे जिन्होंने अपना कैरियर युवावस्था में एडिसन के साथ प्रारंभ किया, पर अब बड़ी-बड़ी कंपनियों में उच्च पदों पर कार्य कर रहे थे।

जब एडिसन की पुरानी मेनलो पार्क स्थित प्रयोगशाला की अनुकृति में एडिसन ने बिजली के दो तार जोड़े तो वह जगमगा उठी। इंडिपेंडेंस हॉल तालियों से गूँज उठा। उसी समय अनेक सायरन भी बजे और सीटियाँ भी। ऊपर आकाश में वायुयानों के उड़ने की आवाज भी हॉल में पहुँची।

पर उसी दौरान घरेलू मोरचे पर एडिसन की हालत खराब थी। फोनोग्राफ के लिए रिकॉर्ड तैयार करने की गतिविधियाँ चौपट हो चुकी थीं। उधर मंदी के कारण शेयर बाजार धराशायी हो गया था। प्लांट के बासठ कामगारों की छुट्टी कर दी गई; क्योंकि निर्माण गतिविधियाँ बंद हो चुकी थीं।

अखबारवालों को लिखने का मसाला मिल गया था। अखबारों में समाचार आया कि रेडियो ने एडिसन को रिकॉर्ड बनाने से रोक दिया। अनेक अखबारों ने एडिसन से सहानुभूति भी व्यक्त की और लिखा कि आधुनिक व्यवसाय में भावनाओं के लिए कोई जगह नहीं है।

पर एडिसन ने हारना नहीं सीखा था। ज्यों ही उसका एक आविष्कार असफल होता था या फीका पड़ता था, वह नए विचार के आधार पर नई चीज सामने ले आता था। सन् 1929 के अंत में एडिसन ने रबर के क्षेत्र में पर्याप्त सफलता हासिल करके सबको चौंका दिया था। अब एक एकड़ जमीन में सौ पाउंड रबर का उत्पादन होने लगा था। किसानों को अब अच्छी आमदनी होने लगी थी।

अपने अंतिम दिनों तक एडिसन रबर के लिए नए पौधों व नई तकनीकों के लिए प्रयासरत रहे। उनकी नोटबुकों को पढ़कर पता चला कि उन्होंने बहत्तर अन्य वनस्पतियों पर अध्ययन प्रारंभ कर दिया था।

□

महायात्रा

अब एडिसन को नींद ज्यादा आने लगी थी। एक अफवाह यह उड़ी कि वे काम करते-करते बेहोश हो गए थे। यह भी चर्चा का विषय बना कि तिरासीवीं सालगिरह पर श्रीमती एडिसन ने अपने पति को व्हील चेयर उपहार के रूप में दी।

पर फिर भी एडिसन की गतिविधियाँ जारी रहीं। एक बार वे परिवार सहित अपने मित्र के यहाँ पर जन्मदिन की दावत पर गए, पर अब वे आसानी से कुछ खा नहीं पाते थे। उस दावत में वे सिर्फ दूध ही पी पाए। उन्होंने कहा कि मैं दूध के ही सहारे आया था और दूध के ही सहारे चला जाऊँगा।

अंतिम दिनों में एडिसन का वजन लगभग दस पौंड कम हो गया था। अब उनकी गरदन इतनी पतली हो गईं थी कि टाई ढीली लगती थी। वे सोफे पर निढाल से होकर बैठते थे और ऐसे मुसकराते थे मानो सपना देख रहे हों। उनका मस्तिष्क एक धीमे इंजन की तरह चलता था और पूर्व जीवन को वे याद करते रहते थे। समय-समय पर वे पुरानी बातें, कथाएँ आदि दोहराते थे।

उन्हें तमाम पुरानी घटनाएँ याद थीं। कैसे सन् 1889 में पेरिस प्रदर्शनी में न्यूयॉर्क से बड़ा डायनेमो भेजा गया था। वे कभी-कभी गृहयुद्ध के अनुभव सुनाते थे और कभी टेलीग्राफ दफ्तर की दास्तानें।

सन् 1931 का वर्ष आ गया। अब एडिसन का चौथा नाती भी दुनिया में आ गया। मेडेलिन अस्पताल में ही थी। उसने अपने पिता को तार भेज दिया था कि वह अपने नाती का उपयुक्त नाम सोचकर बता दें। साथ में अनेक नाम सुझाए गए थे, जैसे—मिशेल, विक्टर, क्लाउडे, पर्सी।

एडिसन ने अपनी पसंद का नाम चुनकर भेजा। अंततः मेडेलिन ने बीच का

मार्ग अपनाया और नाम रखा—मिशेल निकोलस सैमुअल एडिसन। जब वह बच्चा छह महीने का हो गया तो मेडेलिन उसे अपने मायके लाई। एडिसन ने उसे गोद में लिया। बच्चे ने उस पेंसिल की ओर ध्यान से देखा, जो टेलीफोन के पास रखी थी और टेबल से एक छोटी जंजीर के जरिए बँधी थी। शिशु मिशेल ने उस जंजीर पर झपट्टा-सा मारा और पेंसिल को हाथ में ले लिया। एडिसन को यह देखकर अति प्रसन्नता हुई।

अंतिम दिनों में एडिसन का जन्मदिन एक राष्ट्रीय अवकाश के जैसा हो गया था। यह अब सार्वजनिक रूप से मनाया जाता था। उस वर्ष जन्मदिन के अवसर पर एक नदी का पुल, जो एडिसन के नाम पर बना था, लोकार्पित किया जाना था। इससे एक दिन पूर्व रात्रि को एडिसन ने फायरस्टोन के साथ आइंस्टाइन के सापेक्षता सिद्धांत पर चर्चा की। पर दोनों की समझ में यह सिद्धांत नहीं आया। जल्दी ही दोनों नए किस्म के रबर पर चर्चा करने लगे, जिसका उत्पादन आरंभ होने जा रहा था।

उधर, बेटा थियोडोर अपने पिता के औद्योगिक साम्राज्य से अलग होने की तैयारी कर रहा था। अभी तक वह इसे मात्र पारिवारिक जिम्मेदारी मानकर चल रहा था। उस समय उसने अपने बड़े भाई का साथ दिया था, जब उसके पिता अलग हो रहे थे।

पर थियोडोर एक कमजोर प्रशासक था और उसे लगता था कि अपने पिता व बड़े भाई के साथ वह तीसरे पहिए की तरह अनावश्यक रूप से जुड़ा है। वह बौद्धिक कार्य करना चाहता था और रोजमर्रा के कामों में उसकी दिलचस्पी नहीं थी। कारखाने में चल रही विविध उत्पादन गतिविधियों, जैसे—रेडियो का निर्माण समेटना, सीमेंट उत्पादन को पुनर्गठित करना, नई कैलकुलेटिंग मशीन का प्रचार-प्रसार करना, हीटर के नए उपयोग ढूँढ़ना आदि उसे इतना थका देते थे कि शाम तक उसे हर चीज दो दिखलाई देती थीं और रात में उसे नींद नहीं आती थी।

फरवरी 1931 में उसने एक दुकान किराए पर ली और उसमें अपना कारखाना अलग लगा लिया। उसने नक्शा बनाने हेतु एक बोर्ड लगाया और लकड़ी का काम करने के लिए एक वर्क बेंच। वह वहीं पर कुछ-कुछ सोचता और सोच के अनुसार काम करता रहता था। उसकी बहन मेडेलिन के अनुसार, वह शेष परिवार से अलग ही था।

पर अखबारों को इस मामले से लिखने हेतु नया मसाला मिल रहा था। घर के लोग भी परेशान थे। जून 1931 में वृद्ध एडिसन बीमार पड़े और 30 जुलाई, 1931 को उन्होंने अपनी वसीयत में कुछ फेरबदल किया और दो ही दिन बाद

एडिसन अपनी कुरसी से लुढ़क गए। जो डॉक्टर उनका लंबे समय से इलाज कर रहा था वह दूर एक द्वीप में छुट्टी मना रहा था। उसने वहीं से एक हवाई जहाज किराए पर लिया और नेवार्क आया, जहाँ से वह एडिसन की जाँच के लिए उनके घर पहुँचा।

डॉक्टर के लिए वृद्ध एडिसन एक बड़ी चुनौती था। चौरासी वर्षीय एडिसन अब पूर्ण बधिर थे। वे हफ्ते में एक ही बार नहाते थे। उन्हें व्यायाम आदि में कोई विश्वास नहीं था। वे लगातार तंबाकू चबाते रहते थे। दिन में कई सिगार पी जाते थे। उनका भोजन सिर्फ दूध था और कभी-कभार ही वे संतरे का रस भी पी लिया करते थे। इसके कारण उन्हें कब्ज सहित अनेक पाचन संबंधी बीमारियाँ हो गई थीं।

एडिसन ने एक्स-रे कराने से इनकार कर दिया। ऊपरी जाँच से पता लगा कि उन्हें अल्सर है। वे मधुमेह सहित अनेक बीमारियों के शिकार हो चुके थे। ऐसा लगता था कि अब वे नहीं बचेंगे। पर आरंभिक इलाज से वे स्वस्थ होने लगे। मीना लगातार उनके सिरहाने बैठी रहती थी। धीरे-धीरे वे आराम की नींद सोने लगे। अखबार पढ़ते थे और फिर बिना सहायता के चलने-फिरने भी लगे। उन्हें कार में घुमाया जाने लगा।

पर इलाज कर रहे डॉक्टर संतुष्ट नहीं थे। उन्होंने चार्ल्स से अलग से बात की और कहा कि ये अब शायद ही खतरे से बाहर आ पाएँगे। और वही हुआ, सितंबर में उनकी हालत बिगड़ने लगी। उनके कमरे में ऑक्सीजन का सिलेंडर लगाया गया, पर एडिसन ने उसका इस्तेमाल करने से इनकार कर दिया।

लोग उनकी हालत से चिंतित थे। सुबह से लेकर रात तक पत्रकार उनके स्वास्थ्य का समाचार लेने आते रहते थे। उनकी सुविधा के लिए कुछ सौ गज की दूरी पर एक गैराज को प्रेस बूथ का रूप दिया गया, जहाँ पर चार्ल्स व डॉक्टर एडिसन के स्वास्थ्य से संबंधित बुलेटिन रोज सुबह-शाम जारी करते थे। सभी समाचार-पत्र इस समाचार को प्रमुखता से प्रकाशित करते थे।

सारी दुनिया वृद्ध आविष्कारक के स्वास्थ्य को लेकर चिंतित थी। राष्ट्रपति हूवर व उनकी पत्नी ने फूलों का एक बहुत बड़ा गुलदस्ता एडिसन के लिए भेजा था। वेटिकन सिटी से शुभकामनाओं का संदेश आया था।

उन दिनों मौसम भी खराब था। एडिसन ज्यादातर घर के अंदर ही रहते थे। 3 अक्तूबर को शहर के नागरिकों ने एडिसन के स्वास्थ्य-लाभ के लिए प्रार्थना की। हालत बिगड़ती देख नर्सें रात-दिन सेवा में तत्पर रहीं। अब उनके लिए कुरसी पर बैठना भी कठिन हो गया। भोजन के रूप में दूध व फलों के कुछ

टुकड़े ही दिए जाते थे। मित्र फायरस्टोन लगातार उनके सिरहाने बैठकर प्रार्थना करते रहते थे।

मेडेलिन व उसके बच्चे एडिसन के आस-पास चक्कर लगाते रहते थे। चार्ल्स व थियोडोर भी आस-पास ही रहते थे। मीना तो अपने पति से एक मिनट के लिए भी अलग नहीं होती थी। 17 अक्तूबर को जब थॉमस एडिसन की नब्ज बहुत तेज चलने लगी तो मेरियोन, टॉम जूनियर तथा विलियम लेस्ली को भी बुला लिया गया।

अब एडिसन कोमा में चले गए। अचानक वे कोमा से बाहर आए और उन्होंने अपनी आँखें खोलीं। उन्होंने सामने मीना को देखा और कहा कि वहाँ पर बहुत सुंदर वातावरण है। शायद वे दूसरी दुनिया का नजारा ले आए थे।

18 अक्तूबर, 1931 को रविवार का दिन था। उसी दिन तड़के 3 बजकर 24 मिनट पर एडिसन चल बसे। सुबह जब दुनिया सोकर उठी तो पाया कि वह आविष्कारक जो अपने चौरासी वर्ष के जीवनकाल में आम जनता के उपभोग की तमाम चीजें देता रहा, अब उनके बीच नहीं है।

एडिसन का शव असाधारण रूप से दमक रहा था। उनका माथा, नाक, मुँह, ठोड़ी देखनेवाले को मुग्ध कर दे रहे थे। शीघ्र ही शव सजाकर वेस्ट ऑरेंज प्रयोगशाला के पुस्तकालय प्रांगण में रखा गया, जहाँ पर वह दो दिनों तक रहा। आस-पास की अलमारियों में मोटी-मोटी पुस्तकें थीं, जिनमें पेटेंट गजट, तरह-तरह की सर्वेक्षण रिपोर्टें, पत्रिकाओं के पूरे सेट आदि थे।

एडिसन के अंतिम दर्शनों के लिए भीड़ इस कदर उमड़ पड़ी कि दर्शकों को नियंत्रित करना मुश्किल हो गया। पहले प्रयोगशाला के कर्मचारियों व उनके परिजनों को जाने दिया गया, फिर आम जनता के लिए प्रयोगशाला के दरवाजे खोल दिए गए। एकाएक लगभग पचास हजार लोग अंदर आ गए।

अखबारों में तरह-तरह की सुर्खियाँ थीं। तरह-तरह के चित्र व कार्टून छपे थे। एक कार्टून में यमदूत को बिजली का बल्ब बुझाने की कोशिश करते हुए दिखाया गया था। एक अखबार में सुर्खी थी कि प्रकाश धारण करनेवाला अब अंधकार में चला गया।

संपादकीय कॉलमों में एडिसन को हर युग का व्यक्ति बताया गया और कहा गया कि आनेवाली पीढ़ियाँ न सिर्फ उन्हें याद करेंगी वरन् लंबे समय तक लाभान्वित भी होती रहेंगी। कुछ ने लिखा कि एडिसन ने जो किया उसका अनुमान लगाने तथा लेखा-जोखा करने में अभी लंबा समय लग जाएगा। यह भी कहा

गया कि यदि पौराणिक काल होता तो एडिसन को 'प्रकाश' के देवता की संज्ञा मिल जाती।

लोगों को लग रहा था कि एडिसन की बुद्धिमत्ता, प्रचार-प्रसार करने की क्षमता ने मिलकर यह साबित कर दिया कि कुछ भी बदला जा सकता है और हर चीज को नियंत्रित किया जा सकता है। एडिसन ने विज्ञान की शक्ति की सीमाएँ तोड़ डालीं और उससे अपेक्षाएँ बेतहाशा बढ़ा दीं। उन्होंने न सिर्फ अंधकार को भगाकर प्रकाश उपलब्ध कराया वरन् आविष्कार कैसे किए जाते हैं, यह भी लोगों को बता दिया। आनेवाले समय में लोग आविष्कार आसानी से कर लेंगे तथा दुनिया तेजी से बदलती चली जाएगी।

अंतिम विदाई का क्षण आ गया। 21 अक्तूबर को एडिसन का पार्थिव शरीर अपराह्न 3 बजे अंतिम संस्कार हेतु ले जाया गया। मीना सबसे आगे थी। चार्ल्स, थियोडोर, मेडेलिन अगली कतार में थे और फिर टॉम जूनियर, विलियम व मेरियोन थे। रास्ते में लोगों की स्थिति बदलती चली गई। साथ में अनेक गण्यमान्य व्यक्ति थे। संगीत बज रहा था। धीरे-धीरे सूर्य पहाड़ों के पीछे जाने लगा।

प्रार्थना पाठ के पश्चात् ताबूत नीचे उतारा जाने लगा। चारों ओर लगभग चार सौ लोग थे, जिनमें राष्ट्रपति हूवर की पत्नी, श्री व श्रीमती हेनरी फोर्ड, श्री व श्रीमती फायरस्टोन, एडिसन के परिवार के सभी लोग मौजूद थे।

चाँदनी रात खिल आई थी। सभी लोग एक-एक गुलाब का फूल उस स्थान पर श्रद्धापूर्वक रखते जा रहे थे।

□

जाने के बाद

लोगों को लगा कि अपने महान् आविष्कारक एडिसन के शव पर फूल चढ़ाने मात्र से श्रद्धांजलि पूरी नहीं होगी। उनके द्वारा अधूरे छोड़े गए वैज्ञानिक कार्यों को पूरा करना ही वास्तविक श्रद्धांजलि होगी।

मीना मिलर के भाई जॉन मिलर, जो एडिसन के अति विश्वस्त थे, ने एडिसन के उद्यान संबंधी कार्यों को आगे बढ़ाया और रबर संबंधी प्रयोग जारी रखे। इन प्रयोगों में लगातार सफलता मिली और रबर उत्पादन बढ़ता चला गया। एडिसन के देहांत के तीन वर्ष पश्चात् रबर का प्रति एकड़ उत्पादन बढ़कर तीन सौ पौंड से अधिक हो गया।

हेनरी फोर्ड ने रबर संबंधी प्रयोगों पर निवेश जारी रखा और फोर्ड की अपनी जमीन पर ये प्रयोग चलते रहे। इनमें अमेरिकी कृषि विभाग की भी भागीदारी थी। ये प्रयोग सन् 1930 के दशक के अंत तक चलते रहे। उसके पश्चात् जब द्वितीय विश्वयुद्ध आरंभ हुआ तो सरकार ने संश्लेषित (कृत्रिम) रबर संबंधी अनुसंधान पर पैसा लगाना शुरू कर दिया। इसके साथ ही एडिसन ने रबर की खेती पर, जो जोर दिया था, वह हलका पड़ गया।

मृत्यु से पूर्व एडिसन ने अपनी वसीयत तैयार करवा दी थी। उसके अनुसार उसकी जायदाद की अनुमानित कीमत 1.2 करोड़ डॉलर थी। इस जायदाद का 80 प्रतिशत हिस्सा उसके दो प्रिय बेटों चार्ल्स व थियोडोर को मिलना था। इसके अलावा इनपर ही यह जिम्मेदारी थी कि वे शेष संपत्ति को शेष संतानों में बाँट दें। वसीयत में मीना के लिए कोई हिस्सा नहीं छोड़ा गया था। वह शायद इसलिए, क्योंकि मीना को एडिसन ने पहले से ही विभिन्न कंपनियों में तमाम शेयर लेकर

दिए थे और जमीन-जायदाद भी खरीदकर दे दी थी।

एडिसन की वसीयत में यह भी लिखा था कि एडिसन कॉरपोरेशन के सबसे पुराने कर्मचारी जॉन ओट को 10 हजार डॉलर दिए जाएँ। पर इस वृद्ध कर्मचारी ने जब अपने मालिक के देहांत का समाचार सुना तो कुछ घंटों बाद ही दम तोड़ दिया। उसके भाई फ्रेड को आठ हजार डॉलर तथा विलियम मेंडोक्रॉफ्ट, जो एडिसन का सचिव था, को दस हजार डॉलर मिले।

एडिसन ने सीमेंट कंपनी में जो पैसा लगा रखा था, उसमें से सालाना न्यूनतम 50 हजार डॉलर मिलने थे; पर इससे विलियम लेस्ली को संतोष नहीं हुआ और उसने अपने पिता की वसीयत एवं जायदाद के बँटवारे को चुनौती देने का फैसला किया। उसने कहा कि यह वसीयत एडिसन की शेष चार संतानों के हित में नहीं है और उसने चारों को मिलाकर कानूनी काररवाई करने का फैसला किया।

पर विलियम लेस्ली को टॉम जूनियर, मेरियोन व मेडेलिन का साथ नहीं मिल पाया। टॉम ने तो सार्वजनिक वक्तव्य भी जारी कर दिया और कहा कि वह अपने पिता से बहुत प्यार करता रहा है और उन्हें भगवान् के तुल्य मानता रहा है। अंततः एडिसन के देहांत के तीन माह पश्चात् चार्ल्स ने विलियम लेस्ली को मना लिया। उसने साबित कर दिया कि विलियम को जो रकम मिल रही है, वह बहुत बड़ी है।

सन् 1935 में टॉम जूनियर का एक होटल के कमरे में देहांत हो गया। वह वर्षों से उच्च रक्तचाप से पीड़ित था और उसकी मृत्यु का कारण हृदय रोग बतलाया गया था। पर मृत्यु संदेहास्पद स्थिति में हुई थी और अनेक लोगों का मानना था कि टॉम ने आत्महत्या कर ली थी। विलियम लेस्ली भी इसके दो वर्ष बाद ही भगवान् को प्यारा हो गया। वह कैंसर से पीड़ित था।

पति के जाने के बाद मीना ज्यादा दिन अकेली नहीं रह पाई और चार वर्ष बाद ही उसने एक अवकाश-प्राप्त वकील तथा स्टील निर्माता से विवाह कर लिया था। यह व्यक्ति मीना के बचपन का साथी था।

अपने जीवन के सत्तर वसंत देखने के बाद मीना को पियानो बजाने का शौक चढ़ा और उसने अभ्यास करना प्रारंभ कर दिया। पर उसे लगता था कि वह बहुत भद्दा बजाती है; इस कारण वह अभ्यास करते समय घर के नौकरों को बाहर निकाल देती थी, ताकि वे उसकी हँसी न उड़ाएँ।

पर बाद में मीना एडिसन के पुराने मित्रों फोर्ड, लिंडबर्ग, मर्क आदि को दावतों पर बुलाती थी और पियानो बजाकर सुनाती थी। द्वितीय विश्वयुद्ध के दौरान दावतों का सिलसिला बढ़ता चला गया। वह दावतों के दौरान अपने मित्रों के

लड़कों को उनकी गर्लफ्रेंड्स के साथ टिकट सहित थिएटर भेज देती थी और उनकी माताओं को हौसला बँधाती रहती थी कि चिंता मत करो, कुछ नहीं होगा।

सन् 1940 में मीना के दूसरे पति की मृत्यु हो गई। यह कहा जाता है कि उसके मीना के साथ शारीरिक संबंध नहीं बन पाए थे। दोनों अलग-अलग कमरों में सोते थे। पति की मृत्यु के बाद मीना ने अपना पूरा समय शैक्षिक, सामाजिक, धार्मिक कार्यों में लगाना प्रारंभ कर दिया। उसने लोगों को 'बाइबल' पढ़ाना प्रारंभ कर दिया। जब एडिसन पर फिल्म रिलीज हुई तो उसने एक शानदार दावत दी। उसे 'मानद डॉक्टरेट' की उपाधि भी मिली।

11 फरवरी, 1947 को एडिसन की जन्म शताब्दी मनाई गई। इस अवसर पर सारे कार्यक्रम मीना की देख-रेख में आयोजित हुए। इस अवसर पर एडिसन की काम करनेवाली मेज राष्ट्र को समर्पित की गई। यह मेज एडिसन के देहांत के बाद बंद पड़ी थी। उसी वर्ष 24 अगस्त, 1947 को मीना मिलर एडिसन का देहांत हो गया। इस अवसर पर सात हजार लोगों ने एकत्रित होकर उस महान् महिला को श्रद्धांजलि दी। मीना का शव भी अपने पति की कब्र के समीप ही दफनाया गया। एडिसन की बड़ी बेटी मेरियोन का देहांत सन् 1956 में हुआ। उसकी अंतिम इच्छा थी कि उसकी राख गुलाब के फूलदानों में डाली जाए, ताकि वे गुलाब और खूबसूरत बनें।

रेडियो का व्यवसाय चौपट होने के पश्चात् चार्ल्स स्टोरेज बैटरियों का कारोबार आगे बढ़ाता रहा। उसने चिकित्सकीय उपयोग व औद्योगिक उपयोग की गैसों का कारोबार भी आरंभ किया।

उन्हीं दिनों राष्ट्रपति रूजवेल्ट की नई आर्थिक नीति 'न्यू डील' प्रारंभ हुई थी। चार्ल्स एडिसन को इसमें गहरी रुचि जग गई। उसने एडिसन कॉरपोरेशन की प्रत्यक्ष जिम्मेदारी दूसरों को सौंपी और रूजवेल्ट प्रशासन में विभिन्न दायित्व सँभालने आरंभ किए। सन् 1934 में उसका नाम डेमोक्रेटिक पार्टी के उम्मीदवार के रूप में सीनेट के चुनाव के लिए उभरा, पर उसने चुनाव नहीं लड़ा। वह विभिन्न सरकारी प्राधिकरणों के अध्यक्षों व प्रमुखों के रूप में कार्य करता रहा। सन् 1937 से 1940 तक वह पहले नौसेना का सहायक सचिव रहा और फिर सचिव।

सन् 1941 से 1944 तक वह न्यू जर्सी का गवर्नर रहा। द्वितीय विश्वयुद्ध समाप्त होने पर उसने राजनीति से संन्यास ले लिया और अपने एडिसन कॉरपोरेशन की देख-रेख करता रहा। उसने इस कंपनी का जनहित में उपयोग करना आरंभ कर दिया तथा अनेक ऐतिहासिक स्थलों व इमारतों की देख-रेख और पुनर्निर्माण की जिम्मेदारी भी सँभाल ली। सन् 1956 में एडिसन की प्रयोगशाला अमेरिकी सरकार

को सौंप दी गई। तीन वर्ष बाद एडिसन का मकान सरकार के नियंत्रण में आ गया। ये सभी राष्ट्रीय महत्त्व के ऐतिहासिक स्थल बन गए।

थॉमस अल्वा एडिसन कॉरपोरेशन को सन् 1957 में मैकग्रॉ इलेक्ट्रिक कंपनी ने खरीद लिया और उसका नाम मैकग्रॉ-एडिसन कंपनी हो गया, जिसका अध्यक्ष चार्ल्स ही रहा; पर वह सार्वजनिक गतिविधियों में ज्यादा भाग लेता रहा।

चार्ल्स अंतिम दिनों तक सक्रिय रहा। 30 जून, 1969 को हृदयाघात के कारण उसका निधन हो गया। उसके अंतिम संस्कार की देख-रेख उसकी बड़ी बहन मेडेलिन ने की। उसने एक महान् व्यक्ति के पुत्र की भूमिका बखूबी निभाई।

पर एडिसन का सबसे छोटा बेटा थियोडोर अलग ही किस्म का था। उसके लिए पैसे की कोई अहमियत नहीं थी। उसने अपने पिता की जायदाद की सारी जिम्मेदारी अपने बड़े भाई पर डाल दी। पर उसने अपने पिता की ही तरह पेटेंट हासिल करना आरंभ कर दिया। उसने स्वतंत्र रूप से पहला पेटेंट जो हासिल किया वह उस उपकरण पर था जो मशीन को कंपन से मुक्त करता था।

थियोडोर व उसकी पत्नी एन एक अलग मकान में रहते थे। उन्हें शांत जीवन अच्छा लगता था। सन् 1935 में एन ने फार्मेसी में डिग्री हासिल की और एक संस्थान में नौकरी कर ली।

बाद के दिनों में थियोडोर ने अपनी विरासत में से दस लाख डॉलर की रकम ली और उससे जो शेयर प्राप्त किए उनका मुनाफा उसने थॉमस अल्वा एडिसन कॉरपोरेशन के कर्मचारियों में बाँटना शुरू कर दिया।

थियोडोर ने अपनी माता के नेतृत्व में पर्यावरण संबंधी विषयों पर भी काम करना शुरू कर दिया। उसने प्राकृतिक सौंदर्य को बनाए रखने के लिए अनेक लोकप्रिय प्रयास कर डाले। उसने अनेक स्थानों पर जमीन खरीदी और उनपर प्रकृति संरक्षण हेतु योजनाएँ कार्यान्वित कीं। थियोडोर ने अमेरिका द्वारा वियतनाम में सैनिक हस्तक्षेप की कड़े शब्दों में निंदा भी की। सन् 1966 में उसने एक लेख में अमेरिकी सरकार के इस कृत्य की कड़े शब्दों में निंदा कर डाली और पूरे पेज का विज्ञापन एक प्रमुख अखबार में दे दिया, जिसमें लिखा था कि विपक्षी की हत्या करना, उसे भूखा मरने पर मजबूर करना गलत है। यही नहीं, इसमें अमेरिकी धन भी खर्च हो रहा है तथा लोगों की जानें भी जा रही हैं।

अंतिम दिनों में वह अपने पिता के साथ की यादों को ताजा करने और सोचने में ज्यादा समय लगाता था।

□

परिशिष्ट-1

थॉमस अल्वा एडिसन : समय के आईने में

सन् 1847 11 फरवरी को मिलान, ओहियो में जन्म ।

सन् 1854 पोर्ट ह्यूरॉन में परिवार सहित पहुँचे।

सन् 1857 घर में रासायनिक प्रयोगशाला स्थापित की।

सन् 1859 पोर्ट ह्यूरॉन से डेट्रायट तक आने-जानेवाली गाड़ी में अखबार तथा खाने-पीने की छोटी-मोटी चीजें बेचना प्रारंभ किया।

सन् 1862 चलती ट्रेन में 'वीकली हेराल्ड' शीर्षक अखबार का प्रकाशन शुरू किया। इस घटना का समाचार 'लंदन टाइम्स' में प्रमुखता से प्रकाशित हुआ।

सन् 1862 स्टेशन मास्टर के बेटे को रेल के पहिए के नीचे आने से बचाया और कृतज्ञ स्टेशन मास्टर ने एडिसन को टेलीग्राफी सिखाई।

सन् 1862 टेलीग्राफ ऑफिस में कार्य प्रारंभ।

सन् 1863 टेलीग्राफी में डुप्लेक्स सिस्टम तैयार किया।

सन् 1863-68 टेलीग्राफ दफ्तरों में कार्य किया तथा उपकरण में तरह-तरह के सुधार किए।

सन् 1868 बोस्टन में वेस्टर्न यूनियन के कार्यालय में प्रवेश, पर जल्दी ही बाहर।

सन् 1868 पहला पेटेंट—इलेक्ट्रिकल वोट रिकॉर्डर 11 अक्तूबर, 1868 को पेटेंट आवेदन दाखिल, पर उपभोक्ता वर्ग जो राजनीतिज्ञ थे, ने नापसंद किया, यह निश्चय किया कि वही आविष्कार करेंगे जिसकी माँग होगी।

सन् 1869 खाली जेब न्यूयॉर्क पहुँचे, टिकट उपकरण खराब हुआ, जिसे ठीक कर दिया तो नौकरी मिल गई। वेतन 3 सौ डॉलर प्रति माह।

सन् 1869 इलेक्ट्रिकल इंजीनियर फ्रैंकलिन पोप के साथ साझेदारी आरंभ। स्टॉक

टिकट मशीन को सुधारा और इससे संबंधित अनेक आविष्कार किए।

सन् 1870 अपने आविष्कारों के लिए पहला पारिश्रमिक मिला—40 हजार डॉलर, जिसे जरूरतमंद माता-पिता को भेज दिया। नेवार्क में कारखाना लगाया। स्टॉक टिकट मशीनों तथा क्वाडुप्लेक्स टेलीग्राफ तंत्र का उत्पादन प्रारंभ।

सन् 1871 टाइपराइटर के आविष्कारक शोल्स की सहायता की और इसका पहला सफल कार्य करनेवाला मॉडल तैयार किया।

सन् 1872-76 एक के बाद एक महत्त्वपूर्ण आविष्कार पेटेंट कराए। स्वचालित टेलीग्राफ तंत्र बनाया। इनसे वेस्टर्न यूनियन को करोड़ों डॉलर की बचत हुई। पैराफीन पेपर (चॉकलेट लपेटने के लिए), विद्युत् पेन, कार्बन रियोस्टेट जैसे उपयोगी उपकरण तैयार किए गए।

सन् 1876-77 कार्बन टेलीफोन ट्रांसमीटर बटन तैयार किया, जो बाद में टेलीफोन के रूप में सफल हुआ। इससे बाद में माइक्रोफोन तैयार हुआ और यह रेडियो सेट, ठोस डायोड व ट्रांजिस्टर का भी आधार बना, फोनोग्राफ तैयार किया।

सन् 1878 फोनोग्राफ में सुधार किया। बिजली का बल्ब तैयार किया। असाधारण रूप से फिलामेंट हेतु लंबे व तमाम प्रयोग किए। फोनोग्राफ के अन्य उपयोग विकसित किए। फोनोग्राफ व टेलीफोन को जोड़ने का भी प्रयास किया, जो सन् 1914 में जाकर सफल हुआ।

सन् 1879 बिजली का बल्ब व्यावसायिक रूप से सफल हुआ। पहला बल्ब लगभग 40 घंटे तक जलता रहा।

डायनेमो के निर्माण में महत्त्वपूर्ण सुधार, प्रकाश व्यवस्था के लिए विद्युत् आपूर्ति वितरण व्यवस्था विकसित की। विद्युत् उत्पादन, वितरण, नियंत्रण, मापन आदि के लिए तमाम उपकरणों का आविष्कार किया और अनेक में सुधार किया। बिजली के सॉकेट, स्विच, इंसुलेटिंग टेप आदि के आविष्कार किए।

इसी वर्ष बिजली की पहली मोटर तैयार की, जो 110 से 120 वोल्ट से चलती थी। इसे मेनलो पार्क में लगाया गया। यह मोटर आज भी चालू हालत में है। इसी साल मेनलो पार्क की सड़कों व भवनों में विद्युत् व्यवस्था स्थापित हुई थी और 31 दिसंबर को विधिवत् उद्घाटन हुआ था। इनमें भूमिगत केबलें बिछाई गई थीं।

सन् 1880 बिजली द्वारा प्रकाश व्यवस्था में और सुधार किए गए। बिजली बल्ब

के उत्पादन का पहला कारखाना मेनलो पार्क में स्थापित।

खनिज अयस्कों को चुंबकीय शक्ति के प्रयोग से अलग करने के तंत्र का आविष्कार। मेनलो पार्क में सवारी व माल ढोने के लिए सामान्य आकार की विद्युत् रेलगाड़ी स्थापित।

सन् 1881 न्यूयॉर्क में व्यापारिक कार्यालय खोला। हैरीसन में बिजली के परिष्कृत बल्ब के निर्माण के लिए कारखाना खोला। डायनेमो, भूमिगत केबलों, सॉकेट, स्विच, फिक्शचर, मीटर आदि के उत्पादन के लिए न्यूयॉर्क में कारखाना स्थापित किया।

सन् 1882 न्यूयॉर्क में बिजली द्वारा प्रकाश व्यवस्था व्यावसायिक रूप से स्थापित की

सन् 1882-83 तीन तारोंवाली विद्युत् व्यवस्था प्रारंभ की, जिससे प्रकाश, शक्ति (पॉवर) तथा ताप तीनों उपलब्ध हो सकें। एडिसन प्रभाव की खोज, इसी साल एक पेटेंट हासिल किया, जिसके आधार पर बाद में डायोड का निर्माण हुआ जो रेडियो, टेलीविजन, कंप्यूटर आदि का आधार बना।

सन् 1883 तीन तारोंवाली विद्युत् व्यवस्था में और सुधार किया।

सन् 1880-87 इस दौरान विद्युत् प्रकाश ताप व शक्ति (अधिक करेंट) व्यवस्था को और सुधारा तथा इस संबंध में तीन सौ से अधिक पेटेंट हासिल किए। इनसे विद्युत् शक्ति को बाँटने, मानकीकृत करने, सुधारने आदि में सहायता मिली। विद्युत् उत्पादन व वितरण अब अधिक सुरक्षित हो गया।

सन् 1881-87 गतिशील रेलगाड़ियों में बेतार टेलीग्राफी की व्यवस्था, जिससे चलती ट्रेनों व रेलवे स्टेशनों के बीच संवाद प्रारंभ हो गया। यह व्यवस्था सन् 1887 में स्थापित हुई और लगातार चलती रही। इसी तरह समुद्री जहाजों व बंदरगाहों के बीच बेतार संचार-प्रणाली तैयार की। बाद में इस पेटेंट को मारकोनी की कंपनी ने खरीद लिया।

सन् 1887 वेस्ट ऑरेंज में नई प्रयोगशाला में काम प्रारंभ।

सन् 1887-90 फोनोग्राफ में नए सुधार। अस्सी नए पेटेंट हासिल, जिनसे फोनोग्राफ व रिकॉर्डों का निर्माण तथा बिक्री बढ़ी। डिक्टेटिंग मशीनों आदि की बिक्री भी बढ़ी।

सन् 1891 विद्युत् रेलवे में सुधार के लिए अनेक आविष्कार किए।

सन् 1891 मोशन पिक्चर कैमरा का आविष्कार व पेटेंट, फिल्मी दुनिया का आगमन।

सन् 1891-1900 लौह खनिज का व्यवसाय प्रारंभ, बेहतरीन इंजीनियरिंग की व्यवस्था,

अयस्कों के बड़े टुकड़ों को छोटा करने का प्रबंध, पीसने की व्यवस्था, फ्लोरोस्कोप का आविष्कार, एक्स-रे द्वारा जाँच के लिए स्क्रीन तैयार की, इसके लिए उपयुक्त पदार्थ की खोज, एक्स-रे ट्यूब में अनेक सुधार।

सन् 1900-10 स्टील निर्मित क्षारीय स्टोरेज बैटरियों का आविष्कार और उनके निर्माण में व्यावसायिक सफलता।

सन् 1900-09 सीमेंट कंपनी की स्थापना, सीमेंट की निर्माण प्रक्रिया से संबंधित अनेक आविष्कार, प्री कास्ट भवन तकनीक का आविष्कार, एक पीस कास्ट कंक्रीट भवन तकनीक के लिए उपयुक्त मोल्ड तैयार किया, अनोखे प्रकार की भट्ठी विकसित की, जिससे भवन निर्माण प्रक्रिया भी सुधरी और सीमेंट उद्योग का चहुँमुखी विकास हुआ।

सन् 1902-03 प्राथमिक बैटरी में सुधार पर कार्य, फोनोग्राफ में सुधार।

सन् 1905 नए प्रकार की डिक्टेटिंग मशीन, जिससे बोलनेवाले को अपनी आवाज दोबारा सुनाई देती है और सुधार करने में आसानी होती है।

सन् 1907 ऐसी विद्युत् मोटर का निर्माण, जिससे डिक्टेटिंग मशीन किसी भी विद्युत् प्रकाश सर्किट में जोड़ी व चलाई जा सके।

सन् 1910-14 परिष्कृत डिस्क फोनोग्राफ पर सुधार कार्य, इससे इसपर मानव सुर व वाद्यों की ध्वनि आसानी से और बेहतर उत्पन्न होने लगी। हीरे की पिन व नए प्रकार के रिकॉर्ड आरंभ।

सन् 1912 सिनेमा में और सुधार।

सन् 1913 डिक्टेटिंग मशीन में महत्त्वपूर्ण स्वचालित संशोधन उपकरण तैयार।

सन् 1914 विश्वयुद्ध के कारण कार्बोलिक अम्ल की कमी का निदान, वैकल्पिक कार्बोलिक अम्ल का आविष्कार और उसकी तीव्र उत्पादन क्षमता विकसित, इसका विस्फोटकों में प्रयोग।

सन् 1914 वेस्ट ऑरेंज में 9 दिसंबर की रात को प्रयोगशाला में आग लग गई। आग पर जल्दी काबू, पर भारी नुकसान, दोबारा प्रयोगशाला का निर्माण। टेली स्क्राइब मशीन का निर्माण, इसमें टेलीफोन व डिक्टेटिंग मशीन का संगम।

सन् 1915 विश्वयुद्ध के कारण रसायनों की कमी को दूर किया, कार्बोलिक अम्ल के अलावा बेंजीन, बेंजॉल आदि के बड़े पैमाने पर उत्पादन की व्यवस्था। वस्त्र व रबर उद्योग पर विश्वयुद्ध के प्रभाव से निपटने के उपाय, रात-दिन काम करके इनमें काम आनेवाले रसायनों की व्यवस्था। इसी तरह

रँगाई उद्योग को रसायनों की आपूर्ति, अनेक रसायनों का कृत्रिम उत्पादन आरंभ।

सन् 1916 डिस्क फोनोग्राफ पर आगे कार्य, नौसेना के सलाहकार बोर्ड के अध्यक्ष के रूप में रक्षा उद्योगों के लिए कार्य।

सन् 1917-18 अमेरिकी रक्षा विभाग के लिए निम्न प्रयोग—

1. ध्वनि के आधार पर बंदूकों की स्थिति का आकलन।
2. चलयानों पर प्राप्त ध्वनि के आधार पर पनडुब्बी की स्थिति की पहचान।
3. पनडुब्बियों द्वारा दागे तारपीडो की जलयान पर खड़े-खड़े पहचान।
4. जलयानों को तेजी से मोड़ने की व्यवस्था।
5. दुश्मन की पनडुब्बियों से मालवाहक नावों को बचाने की रणनीति विकसित।
6. सुरंग लगे बंदरगाहों से व्यापारिक जहाजों को बाहर लाने की विधि।
7. धुआँ उत्पन्न करनेवाले गोले तैयार।
8. तारपीडो रोकने की व्यवस्था।
9. तारपीडो की शक्ति बढ़ाने की व्यवस्था।
10. समुद्री तट पर गश्त की कृत्रिम व्यवस्था।
11. मशीनगनों द्वारा पेरिस्कोप नष्ट करने की व्यवस्था।
12. जहाजी बेड़े के लिए प्रकाश की व्यवस्था।
13. पानी के नीचे सर्चलाइट की व्यवस्था।
14. सर्चलाइटों द्वारा उच्च गति की संकेत व्यवस्था।
15. पानी चीरनेवाले प्रोजेक्टाइल।
16. हवाई जहाज की पहचान व्यवस्था।

कुल मिलाकर एडिसन को तेरह सौ अड़सठ अलग-अलग पेटेंट प्राप्त हुए थे। इनमें से एक 'एडिसन प्रभाव' सैद्धांतिक था।

□

परिशिष्ट-2

थॉमस अल्वा एडिसन : विचारों के आईने में

- मेरे जीवन का उद्‌देश्य अधिकाधिक आविष्कार करने लिए पर्याप्त धन कमाना है। मैं मानव जीवन की रक्षा व उन्नति के लिए जी रहा हूँ, उसे नष्ट करने के लिए नहीं। मुझे इस बात का गर्व है कि मैंने हत्या करने के लिए कोई हथियार तैयार नहीं किया।
- मैंने उस आविष्कार को कभी नहीं पूरा किया जिस पर मुझे यह शक था कि यह औरों की सेवा नहीं कर पाएगा। मैं पहले दुनिया की जरूरतें ढूँढ़ता हूँ और फिर आविष्कार करता हूँ।
- मेरा मुख्य कार्य दूसरों के प्रतिभावान् ,पर दिशाहीन विचारों को व्यावसायिक मूल्य देना है। मैं उस वस्तु को तब तक हाथ में नहीं लेता जब तक कि मुझे भरोसा नहीं हो जाता कि मैं उसमें सुधार कर लूँगा।
- मैं किसी भी स्रोत से विचार ले लेता हूँ। मैं उस स्थान से आरंभ करता हूँ जहाँ पर उस व्यक्ति ने उसे छोड़ा था।
- पर वही विचार मौलिक माने जाते हैं, जो किसी समस्या के हल के काम आते हैं। अत: मैं हर समय इस बात को जानने के लिए तैयार रहता हूँ कि दूसरों ने इन्हें किस प्रकार इस्तेमाल किया है।
- अच्छा विचार कभी नष्ट नहीं होता है। हो सकता है, उसका उद्‌गमकर्ता या धारक उसे सार्वजनिक किए बिना मर जाए। पर यह कभी-न-कभी किसी अन्य के मस्तिष्क में दोबारा जन्म ले लेता है।
- मैं उन नामी-गिरामी लोगों की परवाह नहीं करता, जो आविष्कार के क्षेत्र में मुझे पछाड़ना चाहते हैं। पर मैं उनके विचारों से अवश्य प्रभावित होता हूँ। लोग सही कहते हैं कि आविष्कारों के मामले में मैं स्पंज की तरह लचीला हूँ।
- प्रतिभावान् व्यक्ति की योग्यता में मात्र 1 प्रतिशत आंतरिक प्रेरणा होती है और 99 प्रतिशत परिश्रम होता है। अत: वास्तविक प्रतिभावान् व्यक्ति वही है, जो अपनी सारी

तैयारी पहले से कर ले।

- ज्यादातर लोग अवसर मात्र इस कारण से खो देते हैं, क्योंकि यह देखने में सामान्य कार्य जैसा लगता है।
- सफलता की पहली पात्रता यह है कि व्यक्ति में ध्यान केंद्रित करने की क्षमता होनी चाहिए। तभी व्यक्ति अपनी सारी शारीरिक व मानसिक शक्ति को समस्या हल करने में लगा सकता है। पर ध्यान केंद्रित करके सोचना कठिन होता है, जो लोग ऐसा कर लेते हैं उनकी शक्ति व प्रयास व्यर्थ नहीं जाते और वे असीमित लगनेवाला कार्य भी कर डालते हैं।
- मैंने दुर्घटनावश कोई आविष्कार नहीं किया। मेरे सारे आविष्कार तब पूर्ण हुए जब मैंने विश्लेषणात्मक तरीके से सोचा और कठिन परिश्रम किया।
- कई बार आविष्कार करने के लिए बेहतरीन कल्पना-शक्ति और कबाड़ से प्राप्त सामान ही पर्याप्त होता है।
- मुझे प्रतिदिन अठारह घंटे कार्य करने में मजा आता है। मैं प्रतिदिन छोटी-छोटी झपकियाँ ले लेता हूँ। इसके अलावा मैं प्रति रात्रि चार-पाँच घंटे ही सो पाता हूँ।
- मेरा ज्यादातर व्यायाम खड़े रहने तथा एक प्रयोगशाला से दूसरी प्रयोगशाला में आने-जाने से ही हो जाता है। यह उस व्यायाम से ज्यादा है, जो मेरे मित्र व प्रतिस्पर्धी गोल्फ आदि खेलकर करते हैं।
- यदि हम वह सब कर लें, जिसके लिए हम सक्षम हैं तो हम आश्चर्य में पड़ जाएँगे।
- हमारे विद्यालय छात्रों को सोचना नहीं सिखा पा रहे हैं। यह आश्चर्य की बात है कि बहुत कम ही लोग अपना मस्तिष्क निश्चित रूप से और विधिवत् काम में लगा पाते हैं।
- उपलब्धि के लिए तीन चीजों की सख्त जरूरत होती है—पहली समझ, कठिन परिश्रम, चिपके रहना जब तक काम पूरा न हो जाए।
- मैं उस व्यक्ति को अधिक आदर देता हूँ, जिसके पास एक ही विचार है, पर उसे कार्यान्वित करता है बजाय उस व्यक्ति के जिसके पास हजार विचार हैं, पर वह उनमें से किसी को भी कार्यान्वित नहीं करता है।
- लोगों के जीवन की तमाम असफलताओं में से ज्यादातर इस कारण हैं कि हार मानते समय उन्हें यह पता नहीं था कि वे सफलता के कितने करीब थे।
- जो व्यक्ति इंतजार करते समय भी प्रयासरत रहता है वह बहुत कुछ पाता है। मेरा मानना है कि चंचलता का कारण असंतोष है और असंतोष प्रगति की पहली आवश्यकता है। जो व्यक्ति संतुष्ट हो जाता है वह आगे नहीं बढ़ पाता है।
- दुर्भाग्यवश हमारे पास काम करने के अवसर ज्यादा हैं और क्षमता कम है। हमें याद

रखना चाहिए कि हम समृद्ध तभी हो पाएँगे जब हमारी तैयारी अवसर के अनुरूप होगी, यदि पहले प्रयास में कोई काम योजना के अनुसार नहीं होता है तो इसका मतलब यह नहीं है कि वह काम या प्रयास बेकार है।

- परिणाम की चिंता मत करो। मुझे मेरे कामों के तरह-तरह के परिणाम मिले हैं। कई बार दस हजार प्रयोग असफल हुए, पर मैंने हार नहीं मानी। हर असफल प्रयास ने मुझे नया रास्ता दिखाया।
- आश्चर्य व विपरीत परिणाम कई बार बड़ी सफलता के लिए प्रोत्साहन का कार्य करते हैं। पर इनके बारे में कोई निश्चित नियम नहीं है।
- काम चिंताओं का इलाज है। यह व्हिस्की से अधिक कारगर है। मैंने पाया है कि जब भी मैंने चिंता करनी शुरू की तब मैंने दूसरे उपयोगी काम पर ध्यान केंद्रित करना प्रारंभ कर दिया और कठिन परिश्रम करता रहा। जल्दी ही मैं यह भूल गया कि क्या चीज मुझे परेशान कर रही थी।
- गंभीर दुर्घटनाओं को छोड़ दो, यदि तुम चिंताओं से ग्रस्त नहीं हो और कठिन परिश्रम करते हो तो तुम एक लंबा जीवन जी सकते हो। कठिन परिश्रम व्यक्ति को नहीं मारता है, चिंताएँ मार डालती हैं।
- सिर्फ उसी समय मैं निराश होता हूँ जब मुझे लगता है कि मैं अनेक काम करना चाहता हूँ, पर मेरे पास समय बहुत थोड़ा होता है, जिसमें मुझे उन्हें करना होता है।
- घड़ी वह चीज है जो मेरे धैर्य को चोट पहुँचाती है। मुझे लगता है कि यह बहुत तेज चलती है।
- यदि मनुष्य की गरदन से नीचे के शरीर का मूल्यांकन किया जाए तो यह कुछ डॉलर ही होगा। पर गरदन से ऊपर के शरीर का वह मूल्य है जो उसका मस्तिष्क दुनिया के लिए देता है।
- समय वह पूँजी है जो वास्तव में व्यक्ति के पास है और उसे खोना या नष्ट करना व्यक्ति के लिए महँगा पड़ता है।
- भविष्य के चिकित्सक अपने मरीजों को दवा नहीं देंगे बल्कि अपने मरीजों में वह जागरूकता पैदा करेंगे कि मरीज स्वयं अपने शरीर की देखभाल करे तथा अपने आहार पर नियंत्रण रखे। वे बीमारी के कारणों व बचाव पर जोर देंगे।
- मनुष्य का मस्तिष्क जो कुछ भी सृजन करता है उसकी रक्षा उसके चरित्र द्वारा की जानी चाहिए।
- मैं महान् संगीत व कला से प्रेम करता हूँ। मेरा मानना है कि महान् संगीत व कला अंतरात्मा से निकलते हैं।
- एक दिन मनुष्य सागर में उठने-गिरनेवाले ज्वारों को बाँध लेगा। वह सूर्य की शक्ति

पर काबू पा लेगा और परमाणु शक्ति से खेलेगा।

- मुझे इस बात पर प्रसन्नता भी है और आश्चर्य भी कि मनुष्य ने उन साधनों व उपकरणों का इस्तेमाल प्रारंभ नहीं किया है जो उसके पास हैं और मनुष्य का विनाश कर सकते हैं। मुझे विश्वास है कि इनका बड़े पैमाने पर निर्माण नहीं होगा।
- एक दिन अमेरिका व अन्य विकसित देश विनाशकारी हथियारों का निर्माण कर लेंगे, जिससे पूरा विश्व आतंकित हो जाएगा। मानव सभ्यता ही खतरे में पड़ जाएगी। इस प्रकार के हथियार बनने चाहिए, पर सिर्फ खोज व प्रयोगों के लिए।
- कबूतर मेरा प्रतीक है। मैं मानव जीवन की रक्षा व प्रगति चाहता हूँ। मैं इसका विनाश नहीं चाहता। मुझे इस बात का गर्व है कि मैंने कभी हत्या के लिए उपकरणों का आविष्कार नहीं किया।
- मुझे उस सुंदर दिन की प्रतीक्षा है और वह आ भी रहा है, जब हम ईमानदारी से कह पाएँगे कि हम अपने भाइयों के रखवाले हैं, शोषक नहीं।
- जब तक हम मामूली सी दिखनेवाली घास की नोक को खुद नहीं बना लेते तब तक प्रकृति हमारे तथाकथित वैज्ञानिक ज्ञान पर हँसती रहेगी।
- यह स्पष्ट है कि हम किसी भी बात के दस लाखवें भाग के बारे में भी ठीक से नहीं जानते हैं।
- मुझे विश्वास है कि रसायनशास्त्र के ज्ञान की सहायता से ही हम उस महान् बुद्धिमान् सृष्टिकर्ता के बारे में जान पाएँगे।
- हमने अभी तक ज्ञान के उस भंडार के बक्से की सतह पर कुछ खरोंचें ही मारी हैं। हम उस स्थिति में हैं जब हमें शीघ्र ही नई व विशाल खोजों का अनुभव होगा, जो हमारे अब तक के चिंतन को उलट-पुलट देगा और बिलकुल नए सिरे से सोचने को मजबूर कर देगा।
- साहसी बनो। अब तक अमेरिका ने जितने भी आघात झेले हैं उनसे उबरते हुए वह और सशक्त व समृद्ध हुआ है। अपने पूर्वजों की ही तरह साहसी बनो। विश्वास बनाए रखो और आगे बढ़ो।
- यदि माता-पिता अपने बच्चों में उत्साह का संचार करेंगे तो वे उनमें ऐसे अद्‌भुत मूल्य उत्पन्न करेंगे कि उनका मूल्यांकन कठिन हो जाएगा।
- मेरी माता की स्मृतियाँ मेरे लिए वरदान के रूप में हमेशा रहती हैं।
- जीवन की सबसे मधुर चीजें बच्चे द्वारा शुभ रात्रि कहना और मधुर संगीत होता है।
- महान् संगीत व कला सांसारिक आश्चर्य हैं, पर हालाँकि मैं लगभग पूर्ण बधिर हूँ, पर इसके कारण मुझे एक किस्म की आंतरिक श्रवणशक्ति मिली है जो मुझे ध्वनियों व शोर को पहचानने की अद्‌भुत शक्ति प्रदान करती है और यह कार्य अन्य लोग नहीं

कर पाते हैं।

- सारे आविष्कारों में मुझे फोनोग्राफ सबसे अधिक प्रिय है।
- जब एडिसन ने बिजली के बल्ब के आविष्कार को पूरा किया तो कहा—
  बिजली के बल्ब ने मुझे बहुत अधिक अध्ययन करने और बहुत बड़े पैमाने पर प्रयोग करने के लिए मजबूर किया है। हालाँकि मैं इसकी सफलता के बारे में कभी निरुत्साहित व हताश नहीं हुआ, पर मैं यह बात अपने सहायकों के लिए नहीं कह सकता। इन सारे वर्षों में मैंने कोई और खोज नहीं की…। जो भी परिणाम आए वे आविष्कार के रूप में ही आए। जब भी मेरा एक सिद्धांत असफल हुआ, मैंने तुरंत दूसरा अपना लिया। मुझे लगा कि सभी समस्याओं का यही संभव इलाज है।
- इसी अवसर उन्होंने आगे कहा—
  जो मेहनत करेगा और धूल-मिट्टी से परहेज नहीं करेगा, वह ज्यादा कमाएगा।
- एडिसन को अनेक कविताएँ पसंद थीं और वह समय-समय पर उन्हें उद्धृत करता था।
- छोटी चीज न सिर्फ सुंदर होती है वरन् अधिक दक्ष भी होती है।

□□□